교회교육 코칭

한춘기 지음

대한예수교장로회총회

| 머리말 |

    한국교회는 130년이라는 비교적 짧은 역사에도 불구하고 선교역사에서 기적이라고 불릴 정도로 크게 성장하였다. 일제강점기에는 복음전파와 민족의식 개조에 큰 역할을 하였으며, 해방 이후에는 한국동란이라는 위기 가운데서도 부흥의 불씨를 지펴왔다. 1950-1960년대에는 부흥회와 사경회를 통하여 양적 성장을 이루었으며, 1970-1980년대에는 전도와 제자훈련을 통하여 질적 성숙을 이루었으나 1990년대부터 정체 내지는 침체에 빠지기 시작하였다.

    한국교회도 절정기 때는 성도 수 1,200만을 헤아리기도 하였다. 지금은 800만의 성도, 그리고 일부에서는 30년 후에 300만 명으로 추락할 것이라 예상하기도 한다. 이는 미국교회의 전철을 밟는 것이 아니라 그보다 더 쇠퇴한 유럽교회를 닮아 어린이, 청소년, 청년이 교회에서 사라지고 노인으로만 구성되는 교회가 될 가능성이 많다는 것이다. 국내의 한 주류교단의 보고서는 이러한 한국교회의 미래를 보여준다. 그 보고서는 해당 교단 내에 유치부, 유·초등부, 중고등부가 없는 교회가 약 50%나

된다고 말한다.

교회의 부흥은 교회교육에서 나온다. 우리는 교회교육을 어떻게 해야 하는가? 21세기에 다시 한국교회가 부흥하기 위해서는 교회와 성도들의 교회교육에 대한 관심과 헌신이 필요하다. 이러한 위기의 때에 이 작은 책 「교회교육 코칭」이 한국교회와 교회교육에 헌신하는 지도자들과 교사들에게 조그마한 도움이 되기를 간절히 소원한다.

이 책이 출판되기까지 수고해주신 총회출판사업국장님을 비롯한 직원 여러분께 감사드리고, 여러 모로 도와준 김진영 조교에게 감사의 말씀을 드린다.

2014년 8월
저자 한춘기

차례

머리말

제1장 교회교육의 이해

교육과 은유 12
은유의 정의 12
일반교육 개념과 은유 14
기독교교육 개념과 은유 20

교회교육과 회복 23
인간관 24
교사와 학습자 24
교회교육과 회복의 은유 25

제2장 교회교육의 개념

교육의 개념 30
세속교육의 개념 32
기독교교육의 개념 34

교회교육의 개념 37

제3장 교회교육과 신학

신학의 개념 ……………………………………… 48

개혁신학과 교회교육 ………………………… 52
개혁신학 ………………………………………… 52
교회교육 ………………………………………… 55
개혁신학과 교회교육 …………………………… 57

제4장 교회교육의 정체성

교육하는 동기 …………………………………… 61

교회교육의 정체성 …………………………… 63
교회교육의 본질 ………………………………… 64
교회교육의 기초 ………………………………… 66
교회교육의 정체성 ……………………………… 67

제5장 교회교육의 목표

목표 설정의 기초 ……………………………… 79
중요성과 긴급성 ………………………………… 80
비전 ……………………………………………… 80
성취가능성 ……………………………………… 81
판단가능성 ……………………………………… 82

목표의 내용 …………………………………… 83
보편적 내용 ……………………………………… 83
구체적 내용 ……………………………………… 89

제6장 교회교육과 교사

교회교육과 교사 ········· 103
교회학교 교사상 ········· 103
교사의 본질 ········· 105
교사와 가르침 ········· 110

교회교육과 교사의 자질 ········· 115
일반적 측면 ········· 116
특수적 측면 ········· 121

제7장 교회교육과 지도력

지도력 ········· 130
세속적 관점 ········· 131
성경적 관점 ········· 133

교회교육과 영적 지도력 ········· 143
'영적' 지도력 ········· 144
영적 '지도력' ········· 145

제8장 교회교육과 제자훈련

교회교육과 교회사역 ········· 153
교회교육과 영적 성숙 ········· 154
영적 성숙과 제자훈련 ········· 157

제자훈련과 성경교수 ········· 160
성경교수의 이유 ········· 162
성경교수의 내용 ········· 163
성경교수의 방법 ········· 164
교회교육과 성경전수 ········· 166

제9장 교회교육과 성장

교회와 성장 · 174
교회의 성장 · 175
교회의 쇠퇴 · 177

교회교육과 교회성장 · 181
성경교육의 강화 · 182
영성회복과 영성교육 · 184
제자훈련의 강화 · 185

제10장 교회교육과 미래

교회교육의 흐름 · 192
교회교육의 과거 · 192
교회교육과 미래세대 · 194

교회교육의 미래 · 200
교회교육의 방향 · 200
교회교육의 회복 · 203

색인 · 206

참고문헌 · 210

제1장
교회교육의 이해

교육이라는 단어는 추상적인 개념이다. 그래서 이해하기가 쉽지 않다. 어떤 사람은 '교육'의 개념은 교육학자들 수만큼 된다고 말한다. 곧 '교육'이라는 개념의 이해가 어렵다는 것을 말한다. 이렇게 추상적인 개념을 정의할 때는 은유를 사용하게 되는데, 그 이유는 은유의 사용은 해당 개념의 의미를 명료화시켜줄 뿐 아니라 그 개념의 의미를 더욱 풍부하게 해주기 때문이다.

제1장

교회교육의 이해

교육이라는 단어는 추상적인 개념이다. 그래서 이해하기가 쉽지 않다. 어떤 사람은 '교육'의 개념은 교육학자들 수만큼 된다고 말한다. 곧 '교육'이라는 개념의 이해가 어렵다는 것을 말한다. 이렇게 추상적인 개념을 정의할 때는 은유를 사용하게 되는데, 그 이유는 은유의 사용은 해당 개념의 의미를 명료화시켜줄 뿐 아니라 그 개념의 의미를 더욱 풍부하게 해주기 때문이다. 특히 어떤 영역에서 핵심적인 개념을 정의하는 데 은유의 사용은 필연적이다. 철학자들 가운데 그 누구도 은유의 사용을 회피한 사람은 없었으며, 현대의 모든 지적인 분야에서도 은유의 사용은 피할 수 없다.

만일 우리의 사고에서 은유를 배제한다면 언어는 메마르게 되고, 사고의 폭은 좁아져서 사고를 필요로 하는 분야에서의 탐구의 성과는 현저히 저하될 것이다. 대상에 대한 이해와 설명을 도와준다는 이유로 사람들은 은유를 즐겨 사용하고 있다. 은유는 그 특성상 어떤 개념이 가지고 있는 고유한 본질들을 분명하게 드러내준다. 이러한 고유한 본질 때문에 은유를 통하여 추구하는 바는 사전적인 개념을 말한다기보다는 풍자를 통해 그 본질을 이해하고자 한다. 그래서 먼저 은유의 정의와 기능, 한계 그리고 일반교육에서 사용하는 은유에 대해 살펴본 후 기독교교육에서의 은유를 설명하고자 한다.

교육과 은유

교육학자들은 은유를 통하여 그 의미를 이해하려고 한다. 그래서 먼저 은유의 정의와 기능 그리고 한계에 대해 차례로 살펴보기로 하자.

은유의 정의

비유에는 두 가지가 있는데 하나는 은유이고, 다른 하나는 직유이다. 그 기능상의 차이점을 말한다면 은유는 암시적인 비유인 데 반하여, 직유는 명시적 비유라는 것이다. 형태에 기초하여 구별하자면 직유는 '……는 ……와 같다'라는 문장의 형태를 갖는 반면에, 은유는 '……는 ……(이)다'와 같은 문장의 형태를 취한다는 점이다. 다시 말하면 '이 집 새댁은 장미꽃 같다'라고 말하는 것은 직유적인 표현이고, '이 집 새댁은 장미꽃이다'라고 진술하는 것은 은유적인 표현인 것이다. 직유가 두 대상 간의 외적인 유사성을 기초로 비유하는 것이라면, 은유는 두 대상 간의 내적인 유사성에 근거하여 비유한다. 그러므로 직유에서는 두 당사자 간에 어떠한 외적이고 직접적인 유사성이 있어야 하는 반면에 은유에서는 외적이고 직접적인 유사성을 요구하는 것이 아니라 내적인 유사성을 요구한다.

은유는 진리를 전혀 보여주지 못하는 규정이나 혹은 진리를 전혀 전하지 못하는 서술적 정의와는 달리, 참된 진리를 나타내는 기능을 한다. 이러한 기능의 표현은 다음과 같이 설명할 수 있다. 예컨대, '인간(원관념)은 늑대(보조관념)다'라는 은유적 표현을 이해하기 위해서는 '늑대'의 서술적 의미를 알아야 할 뿐 아니라 사전적 의미를 알아야 하며 '늑대'라는 말로 연상되는 '상투적인 의미 체계'도 알아야 한다. 이렇게 함으로써 은유적 표현은 직유적 표현보다 더 구체적인 대상을 나타내며, 경이감을 주게 되는 것이다.

이 외에도 은유의 기능에 대해서는 지금까지 많은 논의가 있었으나 크게 다음의 두 가지로 압축할 수 있다. 첫째, 은유는 특정한 용어의 개념을 설명하고 예시하는 데 도움이 된다는 점이다. 즉 은유는 사람들이 친숙한 것에서부터 낯선 것으로 나아가도록 도와준다. 어떤 사람이 새로운 생각들을 가지고 있으나 그것을 직유적인 방법으로는 설명하기 어렵고, 다만 암시적인 은유로만 나타낼 때가 있다. 예를 들어 선생은 어린아이들에게 시간의 중요성을 가르치려 하지만 이를 아이들에게 가르치기란 쉽지 않다. 시간에 대한 아이들의 이해력이 아직 충분히 발달하지 못했기 때문이다. 이러할 때 은유를 사용하여 설명할 수 있다. 지금 시대는 어린아이들조차도 '금'이 귀하다는 것을 안다. 그러므로 시간의 귀함을 강조할 때 이미 알고 있는 '금'에 빗대어 '시간은 금이다'라는 은유를 사용하게 된다. 보편적으로 귀하게 인식하는 금을 비유로 하여 시간의 귀함을 아이들에게 가르치는 이러한 은유는 그 의미를 빨리 깨닫게 한다.

둘째, 은유는 이미 익숙하게 알고 있는 것과 익숙하지 못한 것 사이의 새로운 관계와 유사성을 제시해야 한다는 점이다. 특히 은유는 새로운 아이디어를 제시해주어야 한다. 만일 처음 배우는 어떤 것이 이미 잘 알고 있는 것과 어떠한 유사점이 있음을 안다면, 그 유사점을 통하여 학습에 도움을 줄 수 있다.

은유는 이러한 순기능을 가지고 있는 반면에 또한 한계성도 가지고 있다. 그 한계성은 두 가지로 말할 수 있다. 첫째, 제시된 은유가 알맹이가 없는 것일 경우가 있다. 그 대상이 많은 특성을 가지고 있음에도 불구하고 중요치 않은 특성을 은유로 나타내는 경우가 이에 해당된다. 이 경우는 그 대상의 비핵심적인 측면을 나타내기 때문에 그 개념을 올바로 이해하기 위해서는 다른 관점에서의 조명을 필요로 한다. 은유적 표현이 이렇게 비핵심적인 한 부분만을 부각시킴으로써 그 의미를 왜곡시키면 풍자가 되고 만다.

둘째, 사용된 은유가 본질적으로 적합하지 않을 경우이다. 즉 직유는 외적인 비교를 하기 때문에 그 직유가 오류를 범하고 있는지 아닌지를 쉽게 판단할 수 있다. 그러나 은유는 내적인 성질을 비교하는 것이기 때문에 그 은유가 잘못되었다고 할지라도 쉽게 그 오류를 찾아내지 못한다.

일반교육 개념과 은유

은유는 그 어디에서보다 교육 분야에서 많이 사용되고 있다. 교육 개념을 나타내는 은유는 크게 성장은유, 주형은유, 예술은유 세 종류로 구분할 수 있다. 먼저 '성장의 은유'의 배경에 대하여 살펴보자. 성장의 은유에는 '교육적 권위주의에 대한 거부감이 함의되어 있다'고 하는 말에 성장의 은유가 나타나게 된 원인과 그 철학적 배경이 암시되어 있다. 이는 근대의 자연주의 철학이 재발견한 어린이 개념이 교육의 은유에 영향을 끼쳤음을 보여준다. 근대 자연주의 철학의 큰 공헌인 어린이 개념의 재발견은 중세의 전통적인 교육 곧 교사와 교재가 중심이 되는 권위주의적 교육에서 근대적 교육 곧 학생의 자발성, 내적인 성숙을 강조하는 아동 중심적 교육으로 선회하게 했다. 그리고 그 결과로 교육의 개념을 나타내는 은유에서도 전통적인 주형 개념에서 성장 개념으로 변화가 일어났다. 이러한 배경으로 말미암아 교육 개념에 있어서 성장을 강조하는 근대 교육과 '아동 중심 교육'을 유사개념으로 간주한다.

생각해 보아야 할 것은 성장은유의 타당성이다. 과연 교육을 성장으로 은유할 수 있는가의 문제이다. 그리고 교사 중심 교육에서 아동 중심 교육으로 전환된 원인에 대해서도 더 생각해보아야 한다. 성장은유의 철학적 배경은 이미 위에서 지적한 것과 같이 자연주의인데 그 핵심 인물은 루소(J. J. Rousseau, 1712-1778)이다. 루소는 "사람들은 식물을 재배하여 가꾸고, 인간을 교육으로 만들어낸다"고 말함으로 교육을 성장으로 은유한다. 분명히 식물의 재배와 아이들의 교육 사이에는 연관성이 있으며 정원사의 역할과 교사의 역할 사이에도 연관성이 있다. 중세 시대까지는 이성을 중심으로 하는 시대였기 때문에 교육도 교사의 계획에 따른 주입이 그 중심이 되었다. 그러나 자연주의가 강조하는 교육은 인간 발달의 자연적 법칙과 일치하는 것으로서 아동의 준비성과 성숙성을 고려할 것을 강조한다. 이는 교육의 한 요소인 학생을 중심으로 인식한 것이다. 아동은 진흙처럼 선생이 계획하는 대로 만들어갈 수 있는 존재가 아니다. 아동 자체가 내적인 독자성을 가진 존재임을 고려한다면 성장은유가 교육을 더 정확하게 나타낸다고 하겠다.

이러한 변화에서 핵심은 아동관의 변화이다. 루소 이전까지는 어린이를 성인의 축소형으로만 간주했다. 그 한 가지 예로서 12세기까지의 미술 작품들에 나타나는 어린이는 신체적인 특성에서 성인과 차이가 없고 다만 전체적 크기만 어른보다 작게 그려져 있다. 그러나 루소 시대에는 어린이에 대한 인식에 많은 변화가 일어났다. 이러한 변화의 원인은 17, 18세기 철학의 한 주류인 계몽주의의 영향이다. 계몽주의 아동관의 핵심은 어린이는 자연적 발달성을 가진다는 것이다. 자연적 발달성이란 식물이 그 자체에 지닌 내적인 힘에 의해 봄철에 첫 발아에서부터 시작하여 가을에 열매가 익을 때까지 끊임없이 발달해가는 성향을 의미한다. 식물의 이러한 자연적 발달성을 교육에 은유하여 어린이도 내면 속에 스스로 자랄 수 있는 힘 곧 내적인 충동을 가진다는 것을 설명한 것이다.

이러한 아동관의 변화를 통하여 교육의 개념에도 변화가 왔다. 즉 교육이란 지식을 주입하는 것이 아니라 학생의 내부에 있는 어떤 성향을 밖으로 이끌어내는 것 곧 성장하게 하는 활동임을 강조하게 되었다. 이러한 사상에 대한 어원적인 근원은 라틴어 'educere'에서 왔다. 이와 같은 관점에 기초하여 교육이란 학생 내부의 '선'이 밖으로 나올 수 있도록 주변의 환경을 만들어주고 장애를 제거해주는 것으로 정의하게 되었다.

'성장의 은유'는 이렇게 아동의 '잠재적 능력'과 '심리적 발달 단계'에 주의를 갖게 하였다는 점에서 큰 공헌을 하였다. 이러한 '잠재적 능력'에 대한 근거로서 하퍼(N. E. Harper)는 하나님의 형상대로 창조된 사람의 특성 중 하나로 '측량할 수 없는 가능성'을 제시하고 있다. 하나님의 형상인 사람은 자연보다 뛰어난 지위 곧 '측량할 수 없는 가능성'을 가지고 있다. 즉 인간의 외적인 측면 곧 키, 몸무게 등은 측량할 수 있으나 내적인 면 곧 지적 능력을 모두 측량할 수는 없다. 따라서 지능지수가 하위에 있다 하더라도 사람은 하나님께서 자신에게 부어주시는 능력을 가지고 하나님께서 그에게 하도록 원하시는 것을 할 수 있다는 확신을 가지도록 격려해야 한다.

'심리적 발달 단계'에 대해서도 성경은 긍정적이다. 하퍼는 '아이들에 대한 교훈의 방법들은 아이들의 본성과 신학적 지위에 합당한 것이어야 한다'고 함으로써 중세 시대까지 유지되어 왔던 어른의 축소형으로서의 아동관이 성경적으로 올바르지 않았음을 보여준다. 하퍼는 이러한 주장의 근거로 잠언 22장 6절을 제시한다. 그는 문자적 해석에 기초하여 해당 구절의 의미는 '그의 방식에 따라 아이를 키우라'는 뜻이라고 주장한다. 여기서 '그의 방식'이란 어린이의 본성 곧 그의 성숙도에 맞추어 양육할 때 그 교훈이 마음과 생각에 새겨져 제2의 천성이 됨을 뜻한다는 것이다. 구약주석가 델리취(F. Delitzsch)는 이와 같은 배경을 가지고 잠언 22장 6절 상반절을 다음과 같이 해석하였다. '그에게 맞도록 아이를 가르치라 그리하면 늙어서도 그것을 떠나지 아니하리라'. 이와 같은 맥락에서 본다면, 루소가 '무엇을 가르칠 것인가?' 하는 문제에서 '누구를 가르칠 것인가?' 하는 문제로 관점을 전환한 것을 '혁명적 변화'라고 이름 붙인 것은 타당한 일이다. 즉 '성장의 은유'는 상대적으로 무시되어 왔던 아동의 발달 과정, 심리적 사실, 욕구 등을 적극적으로 부각시키는 교육관이다.

둘째로, '주형의 은유'에 대하여 살펴보도록 하자. '주형의 은유'에서 제시된 교육 과정에서는 무엇보다도 교사와 학생의 일방적 관계가 핵심이다. 교사는 교육의 과정에서 주도권을 가지며, 학생은 무엇인가로 만들어져야 하는 수동적인 존재이다. 학생은 완전히 수동적인 모습인 반면에, 교사는 학생들에게 가르쳐야 할 모든 것을 이미 알고 있어서 그것을 학생들에게 '주입시킴'으로 교육을 이끌어가는 사람이다. 그렇게 함으로써 교사는 자신이 이상적이라고 생각하는 모습으로 학습자들을 의도적으로 형성하고 '만들어가는' 것이다. 이 은유는 교육 대상인 어린이를 진흙과 같은 수동적 존재로 간주하고 교사는 이 진흙 위에 교사 자신이 정해놓은 목표에 따라 어린이를 인각하고 만들어가는 것이다. 어린이의 최종적인 모습은 전적으로 교사가 선택한 모형의 산물일 뿐이다. 어떠한 모습도 어린이가 독자적으로 형성해 갈 수 없다는 면에서 이 '주형의 은유'는 각 개체의 독자성을 주장하는 '성장의 은유'와는 대조적이다. 진흙 자체는 최종적인 결과나 과정을 거부하지 못하므로 그에 대한 책임은 전적으로 주형을 주도하는 교사에게 달려 있다.

이러한 관점의 철학적 배경은 로크(J. Locke, 1932-1704)의 아동관이다. 그는 아동을 '단지 백지나 혹은 밀랍으로서 가르치는 사람이 희망하는 대로 틀에 부어 조형하거나 만들 수 있는 존재'로 보았다. 이러한 로크의 주장은 'Tabula rasa' 곧 '백지설'이라는 용어로 알려져 있으며 로크 교육론의 출발점이기도 하다.

주형의 은유는 교육의 한 측면인 교육 내용을 중시하고 있다. 이 은유에서 말하는 교육이란 교사가 학생에게 무언가를 가르쳐서 어떠한 변화를 가져오도록 노력하는 일이다. 교육을 염두에 둘 때 일견 당연해 보이는 이러한 주장이 주형의 은유에서 두드러지게 부각되고 있다. '주형의 은유'는 비록 아동의 생물학적, 기질적인 발달의 측면에서 볼 때는 적합하지 않지만 사회의 환경과 종속적 관계를 갖는 문화적, 개인적, 도덕적 발달의 관점에서 볼 때는 '성장의 은유'보다 더 적합하다.

교육에 대한 이러한 '주형의 은유'는 그 자체에 단점이 있다. 흙과 사람의 본질은 다른데 동일한 것으로 간주하여 은유함으로써 문제점이 생긴다. 흙은 빚는 사람의 의도에 따라 그 모습을 만들 수 있다. 곧 흙은 사람이 갖는 어떤 의도에 대해 선호한다거나 거부하지 못한다. 그러나 사람은 교사가 자신을 위하여 선택해준 것을 거부할 수 있다. 사람은 자신에게 제시되는 것을 그대로 받아들이기만 하는 것이 아니라 때로는 거부하기도 한다. 이러한 거부는 개개인 사이에서도 차이가 있고 그룹 사이에서도 차이가 있다. 흙은 전체적으로 동일하며 완전히 가소적이다. 그러나 사람은 흙과는 다르게 동일하지도 않고 가소적이지도 않다. 왜냐하면 사람은 합리성을 가지고 있는 존재이기 때문이다. 결국 '주형의 은유'는 교육 과정상의 교사와 아동의 모습을 잘못 그린 것이다. 즉 현실 속에서 생활하고 있는 학습자와 교사의 관계에서 교사의 위치가 지나치게 강하게 부각되어 있다. 주형의 은유에서는 또한 교육적 과정에서의 도덕적인 문제가 소홀히 취급되고 있다. 즉 교사의 의도만 강조되고 아동의 자발성을 무시하는 잘못을 보인다.

셋째로, '예술의 은유'를 살펴보자. 이 은유는 '주형의 은유'에서는 아동이 수동적이고 교사는 지나치게 능동적으로 부각되어 있는 데 반하여, '성장의 은유'에서는 아동의 자발성을 지나치게 강조하는 한편 교사의 역할이 과소평가되었다는 점을 주목한다. 두 은유 모두에서 교사와 학습자 간에 '상호작용'이 전적으로 무시되고 있는 점에도 주목한다. 즉 예술가와 재료 사이의 관계는 주형의 은유나 성장의 은유에서 상정하고 있는 것처럼 그렇게 간단하지만은 않다고 주장한다. 예술가와 재료 사이의 관계는 능동적 조각가와 수동적 물체의 관계와는 다르다. 오히려 어떤 점에서는 예술가가 작품 활동을 하는 동안 그는 자신의 재료와 '겨루고' 있다고 볼 수 있다. 이러한 특성들을 고려한다면, 교육은 '예술'로 은유할 수 있다.

이상에서 살펴본 것처럼 일반 교육에서 사용되는 중요한 은유들은 교육의 특정한 측면을 각기 강조해주고 있다.

기독교교육 개념과 은유

아래에서는 기독교교육에서의 교육 개념에 대한 은유들을 보여준다. 플루드만(J. E. Plueddemann)이 요약하고 있는 기독교교육에 대한 은유 중 중요한 것들은 다음과 같이 정리될 수 있다.

첫째는 교육을 '판매'로 은유하는 것인데 이러한 은유는 학습 결과를 전제로 한다. 이 은유는 결과로서의 학습이 발생하지 않으면 교육 활동이 아니라는 뜻을 함의한다. 이는 어떤 사람이 물건을 사는 일이 발생하지 않고서는 판매란 결코 일어날 수 없다는 것에 근거하는 은유이다. 이는 교사의 활동이나 교수 활동 자체의 본질보다는 학습의 결과를 강조하는 것이다.

이 은유의 장점은 교육의 중요한 요소 중 하나인 학습자의 반응에 관심을 갖는다는 점이다. 반면에 보이는 결과만을 추구함으로써 사람들의 내면의 욕구에 대해서는 등한히 한다는 단점이 있다. 즉 어떤 교사가 한 반 학생들에게 같은 시간에 같은 내용을 같은 기간 동안 가르쳤으나 일부 학생은 그 내용을 이해하고 나머지는 이해하지 못하였다고 해서 교사가 일부의 학생은 가르쳤고 나머지는 가르치지 않았다고 결론을 내려야 하는 불합리에 직면할 수도 있다. 특히 기독교교육에서는 교육에서 교사와 학습자 당사자만이 아니라 성령의 역사를 강조한다. 그러나 판매의 은유에서는 이러한 성령의 역사가 무시되고 있다.

다음으로는 교육을 '치료'로 은유하는 것인데 이것은 개개인의 병의 증세에 따라 개별적으로 진단하고 처방하는 데 관심을 가져야 함을 강조한다. 이 은유에서 교사는 치료하는 의사이고, 학생은 치료의 대상인 환자다. 이 은유는 '판매의 은유'에 비하여 볼 때 학생들을 보다 신중하게 대한다는 장점을 지니고 있다. 따라서 이 은유는 '판매의 은유'보다 기독교교육에 더 적합하다. 그 근거는 이 은유가 교육의 대상인 학습자를 하나님의 형상으로 그리고 개인차를 지니고 있는 존재로 고려한다는 점이다. 그러나 여기에도 단점이 있다. 즉 치료를 처리함에 있어서 진단이나 치료 방법, 치료에 필요한 모든 일을 의사가 독단적으로 결정한다는 점이다. 마찬가지로 교육에서도 교사가 자신을 전문가로 생각하여 교육 활동에서의 모든 결정에 학생들을 적극적으로 참여시키지 않고 그들을 수동적인 존재로 전락시킨다. 뿐만 아니라 '치유'의 한계가 분명치 않으므로 치료의 효과를 판단하기도 쉽지 않다.

셋째로, 교육을 '성장'으로 은유하는 것인데 이것은 위의 '판매의 은유'와 '치료의 은유'로 대표되는 통제 중심의 은유와는 대조된다. 이 은유의 핵심은 들판의 야생화가 혼자서 자라는 것과 같이 학생들을 혼자 둠으로써 그의 내면에 있는 자연적 발달성 곧 은사들이 마음껏 표출되게 하자는 것이다. 이러한 은유에서의 성장 장애는 외적인 관여가 없어서가 아니라 너무 많은 관여로 말미암는다. 이는 성경적인 뒷받침을 받고 있다. 바울이 고린도교회에 보낸 편지에서 사람이 사역을 하지만 근본적으로 자라게 하시는 분은 하나님이시라는 구절이다(고전 3:5-7).

이 은유의 장점은 다른 은유들이 학생들의 내적 가치를 무시하는 것에 비하여 학생을 하나님의 형상으로 지음 받은 위엄을 가진 존재로 간주한다는 것이다. 반면 이 은유의 단점은 학생들이 하나님의 형상으로 창조된 존재임을 말하나 동시에 그 학생이 죄인인 타락한 존재라는 사실을 간과한다는 것이다. 인간의 타락한 본성을 고려할 때 인간을 자연적으로 성장하게 그냥 내버려두면 사람의 악한 내적 본성이 나타나 좋은 열매를 기대할 수 없음을 소홀히 하는 점이다. 사람들을 영적으로 성숙시키기 위해서는 하나님의 말씀으로 죄를 씻음과 중생과 성화를 위하여 하나님이 세우신 사람들 곧 교사들의 도움을 필요로 한다.

넷째로, 교육을 '판형' 또는 '복제'로 은유하는 것인데 이는 통제가 학생과 교육 과정에 필요함을 인정하는 것이다. 그 근거는 사람들의 죄악된 본성과 성경의 권위이다. 이 은유가 함의하는 것은 학습자들은 교육을 통하여 배워야 할 내용이 있다는 것이다. 학습 내용과 목표는 학생들이 알기를 원하는 것이 아니라 학생들이 알아야 할 것에 근거한다. 학생들은 다만 완성되어야 할 재료들에 불과하다. 교사는 학생들에게 지식이나 지혜를 전하는 권위 있는 사람이다. 학생들은 미숙하고 타락한 존재이므로 학생들 스스로가 자신들이 배울 내용을 결정하는 것은 위험할 뿐 아니라 학생들이 배워야 할 내용은 이미 결정되어 있다. 즉 성경이 그들이 배워야 할 내용이다.

이 은유의 장점은 하나님의 말씀을 권위로 그리고 학습자의 본성을 타락으로 간주한다는 점이다. 곧 '성장의 은유'는 성경의 권위와 인간의 죄를 심각하게 고려하지 않고 있는 데 반하여, 이 은유는 그것을 전제로 함으로써 성경적인 가치 개념을 가지고 있다. 반면 이 견해의 첫 번째 약점은 개인의 가치를 충분히 고려하지 않고 학습에서 성경의 역할을 고려하지 않았다는 점이다. 이는 성경에 대한 잘못된 견해에서 유래한다. 성경 그 자체가 하나님의 거룩한 말씀이지만 성경 지식 그 자체만으로는 충분하지 않다. 성경 지식 자체가 사람을 거룩하게 하기에 충분한 것은 아니다. 성경과 함께 사역하는, 곧 기독교교육에 있어서 참된 교사가 되시는 성령의 역사가 필요하다. 두 번째 약점은 학습자를 수동적인 대상으로만 본다는 점이다. 학습은 적극적이며 내면적인 양면 과정이다. 교육에서는 가르치고 배우는 사람 모두가 능동적인 요소인데 이 '판형'의 은유에서는 학습자를 단순한 수동적인 요소로 간주하는 것이 약점이다.

끝으로 플루드만은 교육을 '순례 여행'으로 본다. 이것이 함의하는 것은 순례 여행이 장기간을 소요하는 것처럼 교육도 장기간을 통하여 이루어진다는 점이다. 여행 안내자는 필요한 정보를 제공하고 권고도 하는 반면에 자발성을 요구하기도 한다. 다른 한 가지는 여행에 목적지가 있듯이 교육도 목적이 있어서 그것을 향하여 나아간다는 점이다. 이러한 면에서 보면 기독교교육은 '판형의 은유'가 제시하는 것처럼 자연적 발달성보다는 더 적극적인 성향을 띄는 반면에 '성장의 은유'보다는 교육의 목표와 내용을 더 강조한다고 할 수 있다. 즉 기독교교육은 아동들의 성장에 방해가 되는 것만을 제거해주는 수동적 혹은 소극적으로만 지도하는 것이 아니다. 기독교교육에는 가르쳐야 할 내용이 있다. 마치 여행자들에게 안내자가 방문할 장소에 대한 정보를 주는 것처럼 가르치는 사람은 학습자들에게 가르쳐야 할 내용 곧 성경의 내용을 가르쳐야 한다.

그렇다면 이러한 세속교육 및 기독교교육에서 은유의 장단점에 근거해 볼 때 교회교육을 어떻게 은유하는 것이 합당한가에 대하여 다음에서 살펴보고자 한다.

교회교육과 회복

위에서는 교육 개념을 명확히 하기 위하여 은유들을 중심으로 살펴보았다. 그렇다면 위에서 논의한 것들을 고려할 때 기독교교육의 은유를 어떻게 제시할 수 있을까? 이러한 제시를 위한 기초로서 다음의 두 가지 곧 인간관과 교사와 학습자의 기능과 역할에 대하여 생각해보자.

인간관

창세기 1장 27절에서는 "하나님이 자기 형상 곧 하나님의 형상대로 사람을 창조하셨다"고 말한다. 여기서 하나님의 형상이라는 것은 선악을 분별할 수 있는 능력뿐 아니라 '사람으로서의 본질적인 것' 모두를 함의한다. 이는 남자와 여자 모두가 하나님의 형상이기 때문에 남자와 여자 사이에는 본질적으로 그리고 가치상 차이가 없음을 의미한다. 바울이 성도들에게 "남자나 여자나 다 그리스도 예수 안에서 하나이니라"(갈 3:28)고 한 것도 이와 같은 맥락을 이어간다. 그렇다고 하여 남자와 여자의 모든 역할과 기능이 같다는 것은 아니다. 남자와 여자는 본질적으로 동일함에도 불구하고 상호 보충해야 하는 기능의 차이가 있음을 성경은 말하고 있다(창 2:18, 엡 5:22).

교사와 학습자

사람이 하나님의 형상과 모양으로 지음을 입었다는 것은 사람이 하나님의 속성을 가지고 창조되었음을 말한다. 그렇다면 하나님의 속성을 가지고 있는 학생들의 교육적 특성은 무엇인가? 이에 대하여 하퍼는 '측량할 수 없는 가능성, 합리성, 책임, 비결핍성 동기 유발, 교제할 수 있는 능력' 등을 말하고 있다. 따라서 교사들은 학생들의 이러한 기능과 능력을 전제하여 교육할 필요가 있다. 더불어 교사의 기능으로 세 가지를 제시하고 있다. 곧 '왕적, 선지자적 그리고 제사장적 기능'이다. 그러나 교사가 왕적 기능을 가지고 있다고 하여 자기 마음대로 교육해도 된다는 것은 아니다. 도리어 그는 교육함에 있어 하나님 앞에서 부끄러움이 없이 합당하게 행하여야 할 의무가 있는 것이다.

교회교육과 회복의 은유

교육의 개념은 다양한 은유들과 구별되는 '회복'으로 은유할 수 있다. 그 근거의 첫째는 에베소서 4장 12절이다. 여기서 바울은 교육의 기능을 '온전케 하는 것'이라고 말하고 있다. 여기서 '온전하게 한다'는 것은 바로 '회복'을 의미한다. 반즈(A. Barnes)는 그의 에베소서 주석에서 '온전하게 하다'의 의미를 '어떠한 것을 제자리로 원상회복 시키는 것'이라고 주석함으로써 이를 뒷받침하고 있다.

사람은 처음 창조될 때 하나님의 형상대로 창조되었다. 사람이 처음 창조되었을 때의 상태 또는 본질이 '선하였다'는 근거는 하나님께서 창조하신 것을 보시니 "심히 좋았더라"고 말하는 창세기 1장 31절이다. 그러나 본질적으로 선하게 창조되었던 사람은 선악을 알게 하는 나무의 실과를 따먹은 후 타락하였다. 타락한 인간의 본질은 영적으로 죽은 존재였지만 예수 그리스도 안에 있는 하나님의 은총으로 말미암아 영적으로 새로운 사람이 되었다. 이렇게 사람에게 새로운 생명을 주는 사역은 인간의 사역이 아니라 성령 하나님의 단독적인 사역(κηρυγμα)이다. 그리고 인간의 교육사역은 이러한 성령 하나님의 사역과 상호 보완함으로써 영적으로 거듭난, 영적인 생명을 얻은 중생한 사람들이 원래의 상태를 회복하게 하는 것이다. 이러한 교육 사역(διδαχη)에 의하여 인간은 잃어버린 원래의 형상을 회복하게 된다. 교육의 본질은 '회복하게 하는 것'이며 교육의 목적은 '원상태로의 회복'이다. 그러므로 교육에 대한 은유를 '회복'으로 말하는 것이 교육을 가장 잘 이해하는 것이라 하겠다.

둘째는, 코메니우스의 교육 사상이다. 코메니우스는 인간의 목적을 "모든 완전함과 영광과 행복의 절정이신 하나님과 하나가 되는 것이며 그와 함께 절대적인 영광과 행복을 영원히 즐거워하는 것"이라고 말했다. 이러한 목적을 성취하는 존재가 되기 위해서 사람이 이 땅에서 해야 할 것이 바로 교육이다. 코메니우스는 소요리문답 제1문이 말하는 것과 같이 '하나님을 영광스럽게 하고 그를 즐거워하는 것'이 인간의 목적인데 이러한 것은 선천적인 것이 아니라 후천적인 곧 교육에 의한 것이라고 말하고 있다. "우리가 보았듯이 지식과 덕성과 신앙의 씨앗은 나면서부터 우리 속에 숨겨져 있다. 그러나 실제적 지식과 덕성과 신앙 자체는 나면서부터 주어지는 것이 아니다. 이것은 기도와 교육과 행함으로 습득되지 않으면 안 된다." 이와 같은 코메니우스의 주장을 수용한다면 사람은 교육을 통하여 원래의 모습을 회복할 수 있다. 그러므로 '회복'은 교육의 은유로서 가장 적당하다고 할 수 있다.

결론적으로, 교육의 개념은 추상적인 것이기 때문에 한마디로 정의하기 어렵다. 그래서 은유를 사용하여 교육 개념을 전달한다고 하면 일반교육이나 기독교교육에서 시도한 은유들 모두가 그 나름대로 특징과 타당성을 가지고 있음을 이해할 수 있다. 그러나 교육의 본질을 좀 더 고려할 때 가장 적절한 은유는 '회복'이라 하겠다. 이것은 인간의 창조 시의 상태 곧 하나님의 마음을 닮아 회복해가는 것을 교육의 목표로 하기 때문이다. 교육의 출발점은 성령으로 말미암아 중생한 인간이다. 그리고 목표를 설정하고 교사의 주도적인 지도 아래 교사와 학생의 상호 관계를 통하여 학생들을 교육함으로써 그들을 '온전하게 하여 봉사의 일을 하게 하며 그리스도의 몸을 세우게 할 수'(엡 4:12) 있다.

제 2 장
교회교육의 개념

교육의 역할과 영향은 매우 크다. 한국교회를 새롭게 하기 위해서는 그 기초가 되는 교회교육을 새롭게 해야 하고 그러기 위해서는 교회교육의 개념을 정리해야 한다. 설교와 복음 전파를 통해 성령의 사역으로 인하여 중생한 그리스도인이 태어나듯이 교회교육이라는 활동을 통해 그리스도인들은 참되고 성숙한 그리스도인으로 성장할 수 있다.

제2장

교회교육의 개념

그리스도인은 그리스도인답게 사고하며 행동하고 있는가? 또 그리스도인으로서 받아들일 수 있는 것과 받아들일 수 없는 것을 판단할 능력이 있는가? 이러한 질문에 그리스도인들은 어떻게 대답할 것인가? 불행하게도 부정적인 답을 할 수밖에 없는 것이 오늘 우리의 현실이다. 곧 교회가 직면하고 있는 이러한 현실적 문제는 "내게 들은 바를 충성된 사람들에게 부탁하라 그들이 또 다른 사람들을 가르칠 수 있으리라"(딤후 2:2)는 바울 사도의 말씀을 따르지 못한 교회의 지도자들 그리고 후세를 양육하고 가르치는 교회 교육자들의 책임이다.

교육의 역할과 영향은 매우 크다. 한국교회를 새롭게 하기 위해서는 그 기초가 되는 교회교육을 새롭게 해야 하고 그러기 위해서는 교회교육의 개념을 정리해야 한다. 설교와 복음 전파를 통해 성령의 사역으로 인하여 중생한 그리스도인이 태어나듯이 교회교육이라는 활동을 통해 그리스도인들은 참되고 성숙한 그리스도인으로 성장할 수 있다.

교회교육의 개념에 대한 재음미는 교회교육의 건강한 정립과 발전을 위하여 필요하다. 일반 학문 세계에서도 교육의 개념을 다시 재정의함으로써 교육이 나아가야 할 목표와 방향을 다시 설정하고자 노력하고 있다. 이는 보다 나은 사회, 보다 나은 삶을 영위하기 위한 필연적인 자세이다. 그러나 그리스도인은 세속적 교육의 관점을 가지고 교회교육의 본질을 말한다거나 세속적 교육의 관점 그 자체에 만족할 수는 없다. 왜냐하면 교회교육이란 보다 나은 사회, 보다 나은 삶을 영위하기 위한 것이라기보다는 오히려 우리 주님의 명령이라는 것에 교회교육의 필연성과 근거를 두어야 하기 때문이다. 따라서 이 장(章)에서는 세속 교육에 대한 논의를 중심으로 하여 그 개념을 분석하며 또 그와 유관한 개념들을 비교, 검토함으로써 앞으로 교회교육이 나아가야 할 방향을 알아본다.

교육의 개념

교육론이라 할 때는 그 무엇보다도 교육 개념의 논의가 중심이 되어야 한다. 다른 개념과는 달리 '교육'의 개념은 매우 복잡하다. 학자마다 개념을 달리하고, 시대에 따라 그 정의를 달리하며, 철학적 배경에 따라 그 개념이 상이함을 볼 수 있다. 이렇게 교육의 개념은 다양하나 교육을 정의함에는 두 가지 방법으로 정리된다. 하나는 서술적 방법이요, 다른 하나는 규범적 방법이다. 교육에 대한 서술적 정의는 그 외적인 활동을 중심으로 하여 정의하는 것이나 교육의 본질적인 요소에 대해서는 논의하지 않는다.

따라서 이러한 서술적 관점에서는 교육을 '교수-학습 과정'이라고 정의한다. 따라서 교육이 잘 이루어지기 위해서는 교수-학습 과정에 대한 연구가 선행되어야 하는데 그 중에서 교수 이론에 대한 연구는 철학자들을 중심으로 활발히 진행되고 있다. 그 대표적인 학자들로는 쉐플러(I. Scheffler), 피터스(R. S. Peters), 헐스트(P. H. Hirst) 등을 들 수 있다. 이와 더불어 교육의 향상과 계발을 위하여서는 학습 이론의 개발도 빼놓을 수 없는 중요한 요소이다. 지금까지는 교육 이론이라고 할 때 의례히 학습 이론을 연상하리만큼 교육 현장에서의 교육 연구에 있어서 학습 이론이 많은 부분을 점하여 왔다. 그 원인을 찾는다고 한다면 교육에 대한 연구가 피아제(J. Piaget), 비고스키(L. S. Vigotsky), 스키너(B. F. Skinner) 그리고 쏜다이크(W. Thorndike) 등을 비롯해 수많은 심리학자들에 의해 진행되어 왔기 때문이다.

이러한 심리학적인 관점과는 달리 철학적인 관점에서는 학습 이론보다 교수 이론을 연구의 중심으로 삼는다. 교수 중심의 교육 개념은 규범적 개념을 추구함으로써 교육 개념을 정의하는 일에 많은 논란을 일으킨다. 실제로 1970년 이래로 많은 글들이 피터스의 교육 개념에 대하여 논의하였다. 이러한 정의에 대한 논란은 규범적 정의에 따른 교육의 개념이 본질적으로 매우 다양할 뿐 아니라 그 개념의 정의도 명확히 제시하지 못하고 있음을 보여준다. 그럼에도 불구하고 우리가 관심 대상인 교회교육론을 논의하려면 교육의 본질에 대한 논의가 선행되어야 한다. 이 책에서 추구하는 것도 규범적 정의를 규명하는 것이다. 아래에서는 교육을 규범적인 방법으로 논의하되 크게 다른 두 가지 관점 곧 기독교인의 관점과 비기독교인의 관점을 논의하고 그 후에 그 둘을 비교, 평가하고자 한다.

교육의 개념은 크게 인간 이성에 근거한 세속적 교육 개념과 하나님의 계시인 성경에 근거한 기독교교육의 개념으로 나눌 수 있는데 다음과 같은 〈그림 1〉로 나타낼 수 있다.

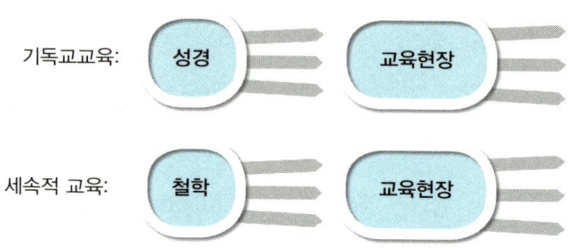

〈그림 1〉 기독교교육 VS 세속적 교육

세속적 개념과 기독교 개념의 구별은 그것이 채용하는 관점에 근거한다. 아래에서는 세속적 교육과 기독교교육의 개념을 차례로 살펴본다.

세속교육의 개념

이를 위해서는 먼저 '교육이란 무엇인가?' 하는 물음이 필요하다. 이러한 물음에 대한 답은 교육 행위의 주체자인 동시에 대상자인 인간관에 따라 달라진다. 그리고 인간관은 개인이 가지고 있는 철학 사상에 따라 달라진다. 실용주의적 관점을 가진 사람들은 인간을 자신의 현재 경험을 확대할 수 있는 능력을 지닌 행동하는 유기체로, 행동주의 관점에서는 인간을 기계이며 이미 다른 사람을 프로그램하도록 조작된 프로그래머의 생각에 따라 조작될 수 있는 존재로 간주한다. 그리고 실존주의적 관점을 가진 사람들은 인간을 자신의 삶을 설계하는 자율적인 개인이라고 가정한다.

이러한 인간관의 영향으로 세속교육에서는 교육을 정의하고자 할 때 성경의 계시가 아니라 인간의 경험이나 이성을 전제로 한다. 이러한 전제는 교육의 정의를 잘못된 길로 인도한다. 이러한 세속적인 교육의 정의 중 몇 가지로는 '교육은 삶을 위한 준비다', '교육은 시민이 되기 위한 준비다', '교육은 노년 세대가 청년 세대에게 관념과 가치 그리고 지식을 전달하는 것이다', '교육은 하나의 과정이다' 등이 있다. 동시에 이러한 정의에 대한 비판도 제기된다. 그 예로는 '교육은 삶을 위한 준비다'라는 정의에 대해, 이미 태어나면서부터 소유한 삶을 위하여 준비한다는 것은 무의미하다고 말한다. 그뿐 아니라 '교육은 시민이 되기 위한 준비다'라는 정의에 대해서는 학습자들은 이미 그 나라의 시민인데 교육을 시민이 되기 위한 준비라고 하는 것은 잘못이라고 말한다.

그러나 이러한 세속교육에 대한 비판은 논리적인 측면에서 수긍이 되기도 하지만 전체를 보지 못하고 부분만을 본 것이라는 비판을 들을 수 있다. 즉, '교육은 삶을 위한 준비'라는 세속적 정의는 그 삶은 문자적인 삶을 지칭하는 것이 아니라 가치 있는 삶을 의미하는 것임에도 불구하고, 원의미에 대해서가 아니라 문자적인 의미에 대한 비판을 하고 있다는 점이다. 다른 정의 곧 '교육은 시민이 되기 위한 준비'에서 '시민'이라는 말도 한 나라에 속한 시민의 의미라고 외면할 수도 있지만 여기서 '시민'이란 단어는 혈통적으로나 혹은 그 나라에서 태어났기 때문에 자동적으로 되는 시민을 말하는 것이 아니라 '시민다운 시민'을 의미하는 것으로 받아들여야 한다고 말할 수 있다. 기독교교육을 정당화하기 위해서 세속교육을 무조건 무시하거나 비판해야 하는 것은 아니다. 그보다는 교육을 보는 관점이 이성적인가, 경험적인가, 아니면 성경적인가 하는 점이 중요하다.

기독교교육의 개념

세속적인 교육 개념은 인간의 이성적인 사고에 의한 것인 반면에 기독교교육의 개념은 성경에 근거한다. 곧 그리스도인은 하나님의 말씀인 성경에 근거한 인간관을 채택한다. 성경은 인간의 기원과 본질에 대하여 명확하게 말하고 있다. 창세기에서는 인간을 '하나님의 형상'으로 창조된 존재라고 말한다. 이는 다음의 〈그림 2〉로 나타난다.

〈그림 2〉 하나님의 형상

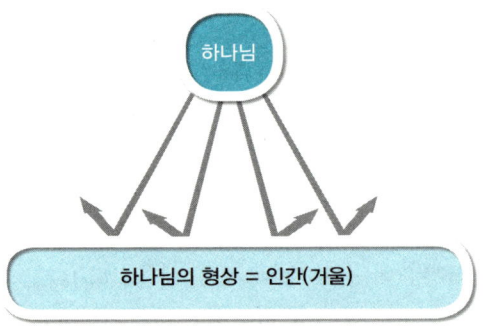

이러한 인간관에 근거하여 보수주의 기독교 교육학자들은 교육 개념을 다음과 같이 정의한다[1]. 먼저 그랜돌프는 기독교교육을 성경에 근거한 성령의 능력을 힘입은 그리스도 중심적인 교수-학습 과정[2]이라고 주장한다. 쥬크는 기독교교육이란 사람들을 그리스도께로 인도하고, 그들을 그리스도 안에 세우기 위하여 하나님의 기록된 말씀을 전함에 있어서 성령의 능력을 힘입어 그리스도와 성경을 중심으로 하여 강단에서 시

---

1) Robert W. Pazmino, *An Introduction in Evangelical Perspective- Foundational Issues in Christian Education*, 2nd. ed. (Grand Rapids, Mich.: Baker Book House, 1997), 86–87.
2) Werner C. Graendorf, ed., *Introduction to Biblical Christian Education* (Chicago: Moody, 1981), 16.

행하는 과정[3]이라고 말한다. 이들은 교육에서 성령의 역사를 강조하고 있다. 드종에 따르면 교육이란 하나님과 사람, 사람과 동료 그리고 사람과 자연 세상 사이에 참된 관계를 재창조하고 발달시키는 것이다. 그는 창조주 하나님과 피조물들 간의 관계에 초점을 맞추고 있다. 파즈미노는 기독교교육에 대해 기독교 신앙을 포함하고 있거나 그에 일치하는 지식, 가치관, 태도, 기술, 느낌과 행동을 전하기 위한 의도적이고, 체계적인 일련의 신적이며 인간적인 노력이라고 정의한다. 그는 교육의 서술적인 교수 과정에 대해 강조하고 있다.

이와 더불어 기독교교육의 개념을 그 주체자인 교사의 관점에서 정의하자면 '하나님과 동역하는 인간의 가르치는 사역'이며 규범적인 측면에서는 기독교적 지식과 그 원리의 전수 그리고 기독교적 가치관의 전수이다. 이 책에서 교육이라는 용어를 사용할 때는 이러한 정의와 관점에서 사용됨을 전제한다.

여기서 말하는 기독교교육을 실행하는 기관으로는 교회, 가정 그리고 학교가 있다. 특히 우리가 사용하는 기독교 학교라는 용어는 좀 더 구체화할 필요가 있다. 즉, 기독교 학교와 미션 스쿨(mission school)의 구별이 필요하다. '미션 스쿨은 기독교 학교인가?' 하는 질문에 많은 사람들이 고개를 끄덕일 것이다. 그러나 이는 기독교 학교와 미션 스쿨의 본질과 목표의 혼동에서 온 혼란이다. 기독교 학교는 기독교 사상에 근거하여 기독교교육을 실시하는 학교이고, 미션 스쿨은 말 그대로 선교적인 차원에서 세속교육을 하는 학교로서 성경과 예배를 교육 과정에 포함시켜 교육하는 학교이다. 그러므로 내용상으로 볼 때 미션 스쿨은 기

---

3) Roy B. Zuck, *Spiritual Power in Your Teaching*, rev. ed. (Chicago: Moody, 1971), 9.

독교교육을 수행하는 학교가 아니라는 점은 분명하다. 이를 간략히 나타내면 〈그림 3〉과 같다고 하겠다.[4]

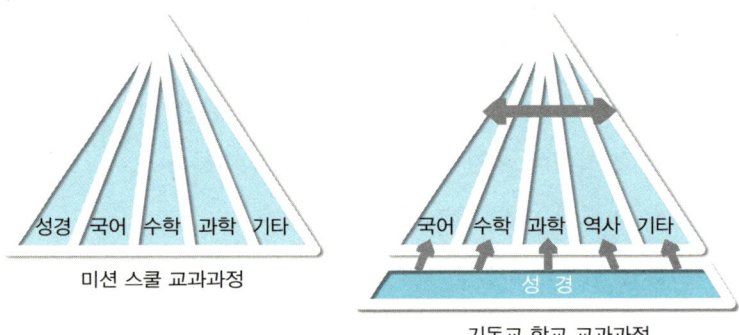

〈그림 3〉 교육과정 : 기독교 학교 VS 미션 스쿨

뿐만 아니라 이 둘은 학교 목표의 측면에서도 구별할 수 있다. 미션 스쿨은 복음을 전하는 것이 학교설립이나 교육 활동의 직접적 혹은 간접적 목적이라고 할 수 있다. 미션 스쿨은 불신자들을 복음에 접하게 함으로써 그들이 새 생명을 얻게 하는 것을 교육 목적으로 삼는다. 이에 비하여 기독교 학교는 그리스도인 학생들이 그리스도인으로서의 삶을 영위하게 하고, 그리스도인의 사상과 문화를 계발하게 하는 것을 그 목적으로 삼는다. 곧 중생한 그리스도인으로 하여금 지식을 계발하게 하여 하나님께서 부여하신 모든 피조물을 올바로 주관하고 다스리며, 문화를 발전시키고 전승해 나갈 수 있게 하는 것이 기독교 학교의 교육 목적이다. 이런 점에서 미션 스쿨은 기독교 학교와 구별된다.

---

4) Grorge R. Knight, *Philosophy and Education*, (Berrien Scripture, MI : Andrews University Press 1980), 199-201.

교회교육의 개념

많은 사람이 기독교교육에 대해 잘못된 인식을 가지고 있다. 즉 기독교교육을 세속교육 위에 성경 구절이나 신학을 덧붙이면 되는 것으로 생각한다. 그러나 기독교교육이란 이렇게 이중적인 구조를 띠고 있는 것이 아니라 기독교적인 관점에서 또는 그러한 사상에 입각하여 교육의 본질이나 활동을 정의하고, 그 이론을 전개해 나가는 것이다. 즉 기독교교육과 세속교육의 차이는 신학의 유무나 성경 구절의 인용 유무에 따라 구별되는 단순한 것이 아니다. 오히려 추상적이고 피상적이라 할지라도 어떤 활동을 바라보는 시각 또는 개념에 대한 판단을 하는 시각의 차이요, 보는 각도의 차이라고 하는 것이 더 타당하다. 이는 곧 '기독교교육'이라는 단어에서와 같이 꼭 '기독교'라는 단어를 붙여야만 기독교교육이 되는 것은 아니라는 것을 말한다. 세속교육을 하면서도 기독교교육이라고 오해하는 경우도 많이 있다. 한 예를 들어보자. 실제로 믿음이 좋다고 하는 한 그리스도인 대학 교수가 진화론을 지지하고 있다는 사실을 생각해보자. 그러한 사람이 기독교교육을 잘 할 수 있겠는가? 신앙인이라고 해서 무조건 기독교교육을 잘 할 수 있다고 보장할 수는 없다.

또 다른 면에서 보자면 '기독교'란 단어를 꼭 교육이라는 단어 앞에 써야 하느냐는 것이다. 여기서 기독교교육에 대한 우리의 선입견 문제가 제기된다. 대부분 대학의 기독교교육과 커리큘럼을 보면 과목명에 '기독교'란 접두어가 들어가느냐 들어가지 않느냐에 따라 하나는 교직 과목에, 다른 하나는 전공 과목에 속하여 있는 것을 볼 수 있다. 만일 이 두 과목을 같은 사람이 강의한다고 할 때 그 내용에 어떠한 차이가 있을 것인가? 가르치는 사람이 그리스도인임에도 불구하고 교직 과목이기 때문에 그 시간에는 인본주의, 세속주의적 교육을 하리라 기대할 것인가? 교직 과목은 교사 자격증을 따기 위한 것이고 국가에서 규정한 것이기 때문에 그리스도인 교사라 할지라도 세속적 관점에서 가르쳐야만 하는 것인가? 만일 그렇다고 생각하고 교육한다면 그리스도인 교사와 세속적 교사 사이에는 아무런 차이가 없을 것이다. 물론 여기서 구분해야 할 것은 '……에 관하여 교육한다' 함과 '……을 교육한다' 함은 다르다는 것이다. 비록 교사가 진화론의 내용을 가르친다고 해도 이는 '진화론을 교육한다'고 말하기보다 '진화론에 대하여 교육한다'고 말해야 한다. 그렇다면 그러한 진화론에 대한 내용이 '진리'인지 아니면 '하나의 이론'인지를 분명히 해야 할 것이다.

패커(J. I. Packer)는 '하나님을 안다'는 것과 '하나님에 대하여 안다'는 것을 구별하고 있는데 이러한 구별을 여기에 적용할 수 있다. 그리스도인 교사도 그리스도인 학생들을 가르칠 때 진화론에 대하여 가르쳐야 한다. 즉 여기서 강조하는 것은 진화론을 가르치는 것이 아니라 진화론에 대하여 가르치는 것을 말한다. 그리하여 진화론자를 양성하는 것이 아니라 '진화론'의 이론을 평가할 수 있는 지성적인 칼빈주의 그리스도인을 양성하여야 한다.

그리스도인 교사라면, 아니 참된 그리스도인 교사라면 교직 과목도 기독교적 관점에서 가르쳐야 한다. 그렇다면 과목명 앞에 꼭 '기독교'라는 수식어를 넣어야 할 필요는 없는 것이다. 오히려 그 이름은 그냥 교육OO학이라고 하는 것이 더 합당할 것이며 꼭 구별해야 할 필요가 있다면 교육OO학-기독교적인 관점-이라고 하면 될 것이다. 그리스도인이 무엇을 가르칠 때 그것은 기독교적인 관점일 것이며 또 그래야만 한다. 따라서 기독교교육과 세속교육의 차이는 '기독교'란 단어가 있느냐 없느냐에 있는 것이 아니고, 몇 개의 성경 구절을 인용하고 있느냐 아니냐에 있는 것도 아니며 가르치는 사람이 기독교인인가 아니면 비기독교인인가에 있는 것도 아니다. 기독교적인 관점에서 가르치느냐 아니냐에 달려 있는 것이다.

교회교육은 분명히 기독교교육의 영역 안에 속한다. 곧 기독교교육의 한 하위 영역으로서의 교회교육은 기독교교육과 같이 기독교적인 관점에서 시행되는 교육이다. 하위 영역이라 하면 먼저 교육이 행해지는 영역과 내용에서의 차이를 말한다. 위에서 살펴본 기독교교육의 하위 영역으로서의 교회교육은 같은 내용을 가르치는 경우에라도 교회라는 영역에서 이루어지기 때문이다. 또한 교회교육은 성경을 중심으로 한 그리스도인으로서의 삶에 초점을 두는데, 일반 학과목을 가르치는 기독교 학교와 가정에서 그리스도인의 삶에 대한 교육을 하는 기독교 가정교육을 포함하는 기독교교육과는 구별된다. 교회교육과 기독교교육에 대한 이러한 차이에 기초하여 교회교육을 알아보자.

모든 교회교육은 기독교교육이다. 이 말은 교회교육은 기독교교육의 충분조건인 반면에 기독교교육은 교회교육의 필요조건에 불과한 것이다. 이를 그림으로 나타내면 다음의 〈그림 4〉와 같다.

〈그림 4〉 필요조건과 충분조건

먼저 교회교육을 논함에 있어서 트라우튼(D. J. Trouten)의 정의를 살펴보자. 그는 "교회교육은 교육 활동을 통하여 복음 전달을 목적으로 하는 것으로 성경의 지식을 밝히 전하여 개인이 그리스도에 대한 신앙을 고백하며 영적 성숙을 향하여 성장토록 하는 것이다"라고 정의했다. 이러한 정의는 그 본질에서 기독교교육의 정의와 구분되지는 않는다. 이는 당연한 이치라 하겠다. 다만 기독교교육과 교회교육에 차이가 있다면 본질에서가 아니라 시행되는 영역의 넓음과 좁음의 차이에서다. 기독교교육은 교회교육과 비교하여 볼 때 좀 더 다양하고 폭넓게 행해진다. 학교에서도, 가정에서도, 교회에서도, 기타 단체에서도 이루어진다. 곧 기독교적인 관점에서 교육한다면 그것이 바로 기독교교육이다. 기독교적 관점만이 기독교교육의 핵심적인 조건이라 하겠다.

또 교회교육과 비교되는 개념으로 주일학교 교육을 들 수 있다. 30여 년 전부터 교회들은 교회학교라는 용어를 쓰기 시작하였다. 교회학교에서 행하는 교육은 교회교육이라 할 수 있고, 주일학교에서 행하는 교육은 주일학교교육이라고 할 수 있다. 과거에는 주일학교라는 용어를 많이 써왔으나 지금은 교회학교라는 용어를 많이 사용한다.

이 새로운 용어인 '교회학교'와 '주일학교'의 차이는 무엇인가? 그 두 용어 사이에 의미상의 차이가 있다면 그것은 무엇이며, 실제로 어떻게 다른 개념으로 사용되고 있는가? 둘 사이에 분명한 사용상의 차이점이 있다면 '교회학교'라는 용어는 대체로 신학적으로 진보주의적인 교단이나 교회에서 사용하는 단어라는 것인가? 그리고 '주일학교'는 전통적인 또는 보수적인 교회에서 사용하는 단어인가? 지금은 보수적인 교단에서도 교회학교라는 용어를 사용하는 경우가 많다. 그러므로 이러한 구분은 타당하지도, 정확하지도 않은 구분이다. 이렇게 된 이유 중 하나는 교회교육과 주일학교교육의 개념에 대한 정의가 확실히 내려지지 않았기 때문이라고 하겠으며 또 다른 이유는 상이한 개념을 같은 것으로 오해하기 때문이다.

교회교육의 개념을 바로 제시하기 위해서 유사 개념인 주일학교교육과의 관계에 대한 논의를 살펴볼 필요가 있다. 첫 번째의 것은 주일학교교육을 '주일에 성경을 가르치는 데 역점을 둔 기독교 교육'[5]이라고 하며 이에 따라 주일학교교육은 '하나님을 섬기는 자들에게 하나님의 계시된 말씀 안에서 하나님의 뜻을 깨닫게 하는 지혜와 예수 그리스도를 통한 하나님에 대한 지혜의 개인적 획득에 역점을 두는 교육'이라고 정의한다. 그와 동시에 교회교육이라는 말을 반대하는 이유로 신학 사상의 차이를 들었다. 그러나 이러한 주장도 교회학교 또는 교회교육의 개념을 반박하는 것이라고는 생각되지 않는다. 왜냐하면 교회교육이라는 개념을 전혀 무시해버리지 않는 증거가 있는데 "물론 교회의 교육 기관 전체를 포함하여 교회학교라고 부르는 것은 아주 타당하다고 생각할 수도 있다"라는 진술이 그것이다. 결과적으로 이러한 '주일학교'에 대한 집념과 주장은 그 대상이 순수한 '주일'학교인 것이다.

두 번째의 것은 '교회학교'라는 용어를 쓸 것을 주장하는데 이 용어의 정의는 "개교회가 교인들의 신앙 양육을 목적으로 의도적인 계획을 세워서 체계적인 학습 경험을 제공해주기 위해 운영하는 학교 체제의 형식적인 교육기관을 의미한다"고 주장한다. 이러한 주장은 교회교육이라는 개념이 교회에서 행하는 교육 전체를 염두에 둔 것이며, 이 교회교육은 주일학교교육의 보완으로 등장한 것이라는 생각이다. 특히 여기서

---

[5] "주일학교가 타당한 명칭이다", 교사의 벗, 1988년 5월호, 30-42.

교회교육과 주일학교를 구분하면서 교회교육을 좀 더 포괄적인 개념으로 파악하고 있는 것은 두 개의 개념에 대한 분명한 구분을 함의하기 때문이다. 그러므로 주일학교의 개념은 비록 그것이 협소하고 그 논지대로 취약점이 있다 하더라도 그 개념을 교회학교로 바꾸어야 할 근거는 되지 않는다. 물론 초창기의 주일학교를 사회 교육으로 파악하였을 때 그러한 주장에 긍정적인 측면이 없는 것도 아니나 초창기 이후의 주일학교는 사회 교육의 측면보다 교회교육의 일환이라는 측면에서 고찰되어야 되기 때문이다.

또한 마지막의 '주일교회학교'의 개념은 교회교육이 '주일학교'(Sunday school)나 '교회학교'(Church school)를 포함하지만, 근원적인 개념에서 보면 이는 '교회라는 신앙공동체가 전체적으로 수행하는 모든 교육적 행위를 포괄하는 개념'으로 간주한다. 그러나 이러한 '주일교회학교'라는 개념은 교회학교와 큰 차이를 발견할 수 없다. 아마 이 용어는 다른 신학적 배경을 가진 두 그룹을 조화시켜 보려는 시도로 생각된다.

결론적으로 말하면 교회학교는 주일학교보다 광범위한 기관이고, 교회교육은 주일학교교육보다 포괄적인 것이다. 그러나 두 단어는 개념상으로 구별될 수 있다. 예를 들면, 수년 전부터 교회 안에서는 평신도 성경공부, 성경대학, 교사양성반, 연수반의 이름을 붙여서 주일 이외의 날에 회집하여 성경의 각 권을 공부해 나가거나 좀 더 구체적으로 벧엘, 크로스웨이, 트리니티, 인물별 성경공부, C.C.C. 열 단계 성경공부, 네비게이토 교재 등을 이용하여 성도들에게 말씀 교육을 시키고 있다. 주일이 아닌 평일에 하는 이러한 교육은 주일학교교육이 아닌 것이 분명하다. 보수교회에서 이러한 교육을 시행한다고 하여 이를 주일학교교육이라고 주장할 수는 없다. 그렇다면 이렇게 교회에서 시행하는 교육은 어떤 이름이든 간에 교회교육의 일종인 것이다.

　반대로 주일에 시행하는 교육에 대한 교육 기관을 '주일학교'라고 하지 않고 '교회학교'라고 했을 때 문제가 되는가? 결론부터 말하자면 틀린 것은 아니다. 그러나 전통적으로 내려오는 좋은 낱말이 있고, 더 정확하게 정의하는 용어가 있는데 굳이 교회학교란 용어를 주장할 필요가 있을까? 특히 신학적인 혹은 철학적인 근거나 뒷받침 없이 교회학교라는 말만 옳다고 주장하는 것은 올바른 자세가 아니다. 이러한 두 교육 개념 곧 주일학교교육과 교회교육과의 관계는 앞의〈그림 4〉와 같이 표시할 수 있다.

　결론으로, 교회에서 행하는 모든 교육은 교회교육이다. 따라서 특별한 신학적인 의미가 강조되지 않는 한 보수적인 혹은 진보적인 교회에서 일반적으로 사용하는 용어라는 것만으로 주일을 포함하여 평일에도 교육하는 교회교육 기관을 교회학교라고 부른다 하여도 거부감을 느낄 이유가 없다.

제3장
교회교육과 신학

교육신학은 신학적 관점에서 교육을 조명함으로써 그 기초와 근거를 제공하는 위치에 있기 때문에 기독교교육의 여러 하부 분야 중 가장 중요하다. 교육과 신학의 관계를 바르게 정립하는 것은 기독교교육의 올바른 정립의 전제가 된다. 그러므로 교회교육과 신학의 관계를 살펴보는 것은 매우 중요하다.

제3장

교회교육과 신학

신학은 가장 오래된 학문 분야 중 하나에 속한다. 이러한 신학의 범위는 시대의 흐름에 따라 점차적으로 확대되어 왔다. 곧 처음에는 신론을 중심으로 하는 조직신학에서 시작하여 성경신학, 역사신학 등 여러 영역으로 확대되었다. 실천신학은 17세기가 되어서야 신학의 한 분야가 되었고, 기독교교육은 20세기에 들어서야 실천신학의 한 분야가 되었으며, 교회교육은 기독교교육에 속한 한 영역이다. 기독교교육 자체도 그에 관한 연구가 활발해짐에 따라 그 영역도 세분화되었다. 1960년대에 이르러는 교육신학이 기독교교육의 여러 분야 중 한 분야로 대두되었다. 교육신학은 신학적 관점에서 교육을 조명함으로써 그 기초와 근거를 제공하는 위치에 있기 때문에 기독교교육의 여러 하부 분야 중 가장 중요하다. 교육과 신학의 관계를 바르게 정립하는 것은 기독교교육의 올바른 정립의 전제가 된다. 그러므로 교회교육과 신학의 관계를 살펴보는 것은 매우 중요하다.

이러한 논의를 위해서 먼저 '신학이란 무엇인가?'와 같은 개념들에 대한 정의를 명확히 정립한 후에 교육과 신학의 관계에 대하여 살펴볼 것이다.

신학의 개념

신학의 개념을 어원적으로 살펴보면 다음과 같다. 신학은 '신'을 의미하는 '데오스'(theos)와 '강론'을 의미하는 '로고스'(logos)라는 헬라어에서 유래한다. 따라서 신학은 신들에 대한 학문이며 하나님에 관한 체계적인 지식을 가리킨다. 이 개념은 플라톤에 의하여 처음으로 사용되었으며 나중에 기독교 변증가들에 의하여 신론 혹은 삼위일체론으로 한정되어 기독교 내부에서 사용되었다. 그 후 중세에 이르러 교의학의 모든 영역으로 확대되었고 17세기에 이르러 실천신학이 첨가되었다. 이러한 신학 개념의 변화는 다음의 〈그림 5〉와 같이 표현할 수 있다.

〈그림 5〉 신학 개념의 변화

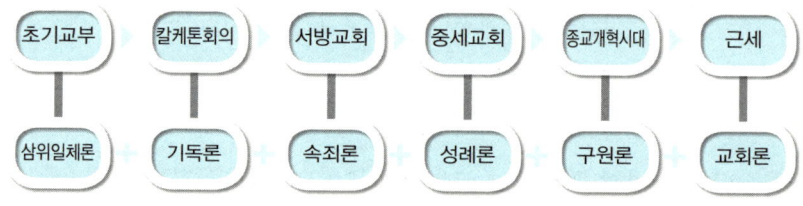

서술적인 관점에서 말한다면 신학은 학문이다. 마치 화학이 화학적 요소와 그 원리에 관하여 체계적으로 설명하기 때문에 학문의 한 분야로 간주되는 것처럼, 하나님에 관한 진리와 하나님과 인간 및 세계와의 관

계를 체계적으로 설명하므로 신학 역시 학문이다. 그러므로 신학은 '신에 관한 학문' 또는 '성경에 관한 연구' 혹은 '인간 실존의 신앙적 양상에 관한 연구'라고 정의할 수 있다. 신학의 또 다른 서술적 정의는 '신학이란 하나님과 사람과 세상에 대한 진리를 성경적 계시의 빛에서 이해하려는 인간의 시도'라고 할 수 있는데 이러한 정의는 신학의 기능을 나타내는 개념이다.

규범적인 관점에서 신학이란 교회가 자신의 근본적인 신앙고백으로 확인하고 있는 교리 체계이다. 신학은 '교리를 설명하고 표현해야 하는 임무'를 가지고 있고, 교리는 신학의 표준과 규범을 제공해야 할 의무가 있다. 여기서 '교리 체계'는 대개 신조 또는 신앙고백의 형태를 지니는 것으로 본질적으로 지적인 내용들로 구성된다. 이렇게 신학을 교리와 같은 본질을 가진 것으로 생각하는 것은 이해, 지식, 지혜, 기술 혹은 신중과 구분하기 위해서가 아니라 하나님의 계시와 지시로부터 유래된 분야라는 것을 명시하기 위한 것이다. 이러한 정의에 따르면 신학은 (1) 하나님에 관한 것이고, (2) 하나님의 말씀 곧 계시를 이해하려는 시도이며, (3) 하나님 및 하나님의 말씀 계시에 대한 지식이 지니는 함축적 의미들에 관심을 가지며, (4) 그 목적은 인류로 하여금 구원을 얻도록 돕는 것이다.

신학의 규범성은 계시에 기인한다. 하나님의 계시는 이스라엘의 역사와 예수 그리스도의 생애와 가르침, 죽음과 부활에서 나타난다. 성경은 계시이다. 신학은 성경을 그 기본적인 토대로 하여 하나님의 자아 계시의 의미를 나타내고, 계시에 대한 인간의 반응을 보여주며, 예배, 전도, 교육, 목회 등을 통하여 계시에 대한 가장 합당한 반응을 발견하게 한다.

기독교교육은 신학과 관계된 학문일 뿐 아니라 신학에 속한 학문이기 때문에 교육신학은 기독교교육의 핵심적인 영역이라고 할 수 있다. 기독교교육은 성도들로 하여금 잃어버린 하나님의 형상을 회복케 하여 하나님께 영광을 돌리게 한다는 점에서 그 목적이 신학적일 뿐 아니라 그 내용으로 성경을 가르친다는 점에서 신학적이다.

교육신학이라는 학문은 신학자들이 교육에 관하여 논의한 것을 체계화한 것이 아니라 신학적 관점에서 교육에 사용되는 개념이나 활동들을 정의하고 규정하는 것이다. 다시 말하면 교육신학이란 신학자들의 교육론이 아니라 교육 내용, 개념, 이론들에 대하여 신학적 관점에서 조명하는 학문이다. 곧 교육신학은 교육 이론과 신학의 물리적인 결합이 아니라 화학적인 결합이다. 이를 그림으로 표시하면 〈그림 6〉과 같이 나타낼 수 있다.

〈그림 6〉 교육 신학의 구조

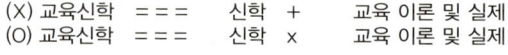

교육신학은 기독교교육의 기초를 제공하며 방향을 제공하는 학문일 뿐 아니라 기독교교육의 철학, 목적, 내용, 방법 등을 신학적인 관점에서 조명한다. 모든 학문은 주변 학문들과 영향을 주고받음으로 자신의 정체성을 수립해가며 발전시켜간다. 교육이라는 학문도 철학, 역사, 행정, 심리학 그리고 신학 등과 같은 다양한 학문들과 관계를 맺고 있을 뿐 아니라 그것들과의 관계를 통하여 발전해간다. 신학에 근거하여 교육의

기초를 세우고 발전시키는 영역이 바로 '교육신학'이다.

'교육신학'이라는 영역을 학문적으로 처음 명명한 두 학자가 있다. 한 사람은 틸리히(P. Tillich)이고 다른 한 사람은 페레(Nels F. S. Ferre)이다. 틸리히는 「문화신학」이라는 논문집에서 '교육신학'이라는 글을 발표하였고, 페레는 「기독교교육신학」이라는 책에서 '교육신학'이라는 용어를 사용하였다. 두 사람은 '교육신학'이라는 같은 용어를 사용했지만 그 개념 사이에는 공통점과 차이점이 있다. 공통점은 기독교교육의 영역에 방법과 내용의 차원을 넘어 근거와 방향을 설정하는 교육신학이 필요함을 강조한 것이다. 차이점으로는 틸리히가 교육신학의 출발을 실존의 물음에서 찾고자 노력한 반면에 페레는 기독교 신앙과 그 신앙이 가지고 있는 역사적 의미에서 찾으려 한 것이다. 그는 교육신학은 세계와 역사와 그 속에서 말씀하시는 하나님의 말씀과 씨름하는 제삼의 양식이 모색되는 바로 그곳에 언제나 생동한다고 하였다. 은준관에 따르면 교육신학의 사역 중 하나는 기독교교육의 내용과 배경을 제공하는 신학적 해석이고 다른 하나는 기독교교육 행위 전체를 꿰뚫는 기독교적 관점을 수립하는 것이다.

다시 말하면, 기독교교육은 교육의 여러 요소들을 신학의 관점에서 조명하는 것이다. 따라서 신학과 기독교교육은 상호 관계가 있으며, 기독교교육의 요소들을 신학적으로 조명함으로써 기독교교육이 성경에 기초한 교육이 되게 한다. 그리고 이러한 기독교교육의 과제로는 신학에 토대를 둔다는 측면에서는 신학적 정립에 대한 필요성이 그리고 교육 활동에 관계된다는 측면에서는 교육적 정립에 대한 필요성이 제기된다.

개혁신학과 교회교육

개혁주의 교회교육은 두 가지 핵심 영역으로 분류할 수 있다. 즉, 개혁신학과 교회교육이라는 두 영역이다. 아래에서는 차례로 이 두 영역을 살펴본다.

개혁신학

신학은 크게 개혁신학, 신정통신학, 진보(자유주의)신학으로 나눌 수 있다. 이들을 기독교교육적 관점에서 구별하자면 자유주의 신학은 사회적인 이슈에 관심을 가지며, 신정통신학은 교회 생활을 중심으로 한다. 그리고 개혁신학은 하나님의 영광을 드러내며, 구원의 말씀을 전하는 데 초점을 둔다.

개혁신학의 개념에는 크게 두 가지가 있다. 하나는 로마 가톨릭에 대항하는 개념으로서의 개혁신학인데 주로 독일을 중심으로 한 유럽 대륙의 개념이다. 이러한 관점에서의 개혁신학은 개신교의 신학을 지칭하는 것으로 개신교 내에서의 자유주의 신학, 신정통신학, 정통신학 모두를 포괄하는 개념이다. 다른 하나는 자유주의 신학에 대항하는 개념으로서의 개혁신학인데 이는 미국과 미국 신학의 영향을 받은 나라들에서 사용하는 개념이다. 이러한 관점에서의 개혁신학은 인간의 이성을 준거로 하여 성경을 판단하는 자유주의 신학이나 경험과 삶에 기초하는 신정통신학과 대립되는 신학으로서, 성경의 권위를 인정하고 성경의 유기적 영감과 무오를 믿는 신학을 말한다.

여기서 말하는 개혁신학은 루터파와 구별되는 신학 특히 요한 칼빈과 그의 신학을 추종하는 사람들의 신학을 일컫는 용어이다. 교회사적으로 볼 때 개혁신학은 종교개혁에서 나온 교회들의 사상과 삶에 속하나, 루터주의 및 영국국교주의와 구분되며 동시에 소위 급진주의와도 구별되는 사상이다. 개혁신학의 특징을 살펴보면 개혁신학을 좀 더 이해하게 된다.

드윗(J. R. de Witt)은 개혁신학의 특징에 대하여 다음의 몇 가지로 설명하고 있다. 첫째, 성경에 관한 교리인데 이는 '오직 그리고 전적으로 성경'이라는 교리로서 영감의 방법이나 성경의 다양한 속성, 즉 완전성, 명료성, 충족성, 필요성보다는 성경의 권위를 강조한다. 둘째, 개혁신학은 하나님의 주권을 알고 예배해야 함을 강조한다. 셋째, 하나님의 은혜의 불가항력성을 말한다. 이는 그리스도의 구속의 교리와 예정 교리는 서로 연결되어 있음을 말한다. 넷째, 은혜 언약과 함께 충만한 그리스도인의 생활의 강조, 즉 세상 속에서 살지만 세상과 그 기준에 따르지 않는 생활, 곧 하나님 존전임을 의식하여 삶의 의무와 책임을 수행하고 예수 그리스도 안에서의 신앙을 증거하는 생활을 강조한다. 다섯째, 율법과 은혜의 구분과 관계에 대한 이해를 강조한다. 구원은 은혜로 말미암기 때문에 그리스도인은 율법으로부터 자유하지만 하나님의 값없는 은혜 가운데 주신 율법에 순종함을 강조한다. 여섯째, 하나님의 나라와 세상과의 관계, 즉 문화에 관하여 적극적이고 긍정적임을 강조한다. 이는 세상과 동화한다기보다 세상을 변화시킨다는 의미이다. 일곱째, 설교를 하나님의 말씀의 강해와 적용 그리고 선포로 생각할 뿐 아니라 성경에서 발견되는 것을 자유롭게 증거함을 강조한다.

이와 유사하게 헤세링크는 개혁신학이란 도르트 신경으로부터 유래된 칼빈주의 5대 교리인 전적 부패, 무조건적 선택, 제한된 구속, 불가항력적 은혜 그리고 성도의 견인 등에 제한되지 않고 개혁주의적 경건, 분위기, 그리고 세상에 대한 접근 방법의 특징으로 하나님 중심, 성경 중심, 교회 중심, 교리와 삶의 일치 그리고 인생관과 세계관 등 다섯 가지를 중심으로 하는 신학이라고 말한다.

먼저 헤세링크는 하나님 중심의 사상과 삶이 개혁주의의 가장 기본적이며 포괄적인 특징임을 말한다. 개혁주의자들은 나의 회심, 나의 신앙, 나의 선한 삶이 아니라 하나님의 선하심, 하나님의 은총 그리고 하나님의 주권적 의지가 나의 신앙과 구원의 근본임을 받아들인다. 이는 "너희는 그 은혜에 의하여 믿음으로 말미암아 구원을 받았으니 이것은 너희에게서 난 것이 아니요 하나님의 선물이라"(엡 2:8)는 바울의 말씀에 근거를 둔다.

성경 중심 또한 개혁주의의 중심 사상이다. 루터파는 종교개혁의 내용적 원리인 이신칭의를 강조하는 반면에, 개혁주의는 성경의 권위를 강조한다. 개혁주의는 성경의 충족성과 신뢰성을 중요시할 뿐 아니라 하나님만이 우리가 추구하는 성경의 확실성을 제공하실 수 있음을 믿는다.

개혁주의의 특성 중의 또 다른 하나는 교회론이다. 개혁주의 교회론은 교회 질서와 교회 권징을 포함하고 있으며, 성례와 함께 말씀에 대한 교리도 포함하고 있다. 이러한 개혁주의 교회론의 특성 중 하나는 장로직이다. 장로직은 개신교의 교회 표지인 참된 말씀의 전파와 성례의 올바른 집행을 책임지는 직분이다.

이와 함께 개혁주의 교회는 유용하고도 유익한 교리와 거룩함에 이르게 하는 진리에 중심을 둔다. 곧 교리와 삶의 일치를 강조한다. 교리가 중요하지만 교리 그 자체가 목적이 되어서는 안 된다는 의미이다. 하나님께서는 그의 성령을 통하여 성도들이 하나님을 위하여 살도록 준비시키신다. 이는 미국장로교(PCUSA) 헌법(1928)에서도 강조하고 있는데 곧 "이 진리는 선(善)을 위해 존재한다. 그리고 그것은 진리의 위대한 시금석, 곧 성결을 장려하는 경향성이다……. 신앙과 실천, 진리와 의무 사이에는 불가분의 연결이 있다"고 진술함으로써 이러한 신앙과 행위의 결합을 강조하고 있다.

은혜로우신 하나님에 대한 루터파의 추구와 개인 영혼의 평강에 대한 경건적 관심과 개인의 성결에 관심을 두는 웨슬리주의와는 달리, 개혁주의의 관심은 개인과 개인 구원을 초월한다. 즉, 개혁주의는 그 관심을 국가와 문화, 자연과 우주라는 보다 광범위한 영역에서 하나님의 뜻을 실현하는 곧 하나님 나라를 실현하는 신학이다.

교회교육

교회교육의 본질은 기독교교육과 매우 유사하다. 단지 그 차이를 찾는다면 본질에서의 차이가 아니라 범위에서의 차이다. 그러므로 교회교육의 본질은 기독교교육의 본질을 벗어나지 않는다. 그러므로 교회교육은 기독교교육과 마찬가지로 그 본질상 종교성을 지니고 있다. 그 이유는 그 대상이나 주체가 하나님의 형상을 닮은 인간 곧 종교성을 지닌 인간이기 때문이다. 그런데 그 인간은 종교적 존재이다. 왜 인간이 종교적 존재인가? 하웃즈바르트(B. Goudzwaard)는 그 이유에 대해서 첫째로, 인간은 누구나 자신의 삶에서 신을 섬기고, 둘째로, 인간은 누구나 자신이 믿는 신의 형상을 따라 변화되며, 셋째로, 인간은 누구나 자신이 믿는 신의 형상을 따라 사회 구조를 창조하고 문화를 형성하는 존재이기 때문이라고 말했다. 바울은 로마서 1장 19절에서 "이는 하나님을 알 만한 것이 그들 속에 보임이라······"고 함으로써 인간은 창조 세계를 통하여 하나님을 알 수 있다고 분명하게 말한다. 이는 인간은 하나님을 알 수 있고 예배할 수 있는 존재 곧 종교성을 가지고 있음을 뜻한다. 칼빈은 이것을 하나님께서 인간에게 종교의 씨앗 곧 종교성을 주셨다고 표현한다. 그는 하나님께서 피조물을 통하여 자신을 계시해주셨기 때문에 하나님을 모르는 것은 인간 자신의 책임이며, 인간의 타락 이후에도 하나님께서는 내적 계시의 조명을 통하여 하나님을 알 수 있게 하셨는데 그것은 인간이 종교성을 가지고 있기 때문이라고 말한다.

인간이 하나님의 형상으로 창조되었다는 것은 인간의 교육가능성을 뜻한다. 하퍼는 '하나님의 형상'이라는 신학적 개념을 교육학적으로 재해석하면 인간이 갖는 '합리성'이라고 말한다. 합리성이란 생각할 수 있는 능력과 그 생각에 근거해서 행동할 수 있는 능력을 말한다. 인간은 하나님의 형상이기 때문에 가르칠 수도 있고 배울 수도 있는 '교육가능성'을 지닌 존재인 것이다. 그러므로 종교성을 지니고 있을 뿐 아니라 교육가능성을 지닌 인간은 하나님을 알게 하는 교회교육이 가능한 존재이다.

개혁주의 관점에서의 교육에는 세 가지 조건이 있다. 첫째, 참된 신념과 지식의 회복을 위한 주권적인 하나님의 일을 포함한다. 인간 교사는 지식을 전하고 확신을 갖게 하고 삶에서의 실천 방법을 제시할 수 있다. 그러나 사도 바울이 말한 "나는 심었고 아볼로는 물을 주었으되 오직 하나님께서 자라나게 하셨나니, 그런즉 심는 이나 물 주는 이는 아무것도 아니로되 오직 자라게 하시는 이는 하나님뿐이니라"(고전 3:6-7)라는 구절이 의미하는 대로 교회교육을 포함한 기독교교육은 인간 교사 혼자서 하는 사역이 아니라 하나님과 동역하는 인간의 사역이다. 하퍼는 이를 조작적 사역과 구별되는 협동적 사역이라 말한다.

둘째, 이 창조적인 하나님의 일은 인간의 노력을 떠나서는 이루어지지 않는다. 하나님께서 스스로 교육하여 학습자로 하여금 알게 하실 수도 있으나 대부분의 경우에 그와 같은 방법으로 역사하시지 않는다. 그 이유는 인간은 교육가능성을 지니고 있기 때문이다. 그 근거는 하나님께서 사람에게 주신 다양한 은사 중에 가르치는 은사가 포함되어 있는데 이는 인간 교사를 통하여 가르치는 사역을 행하심을 보여준다는 점이다 (롬 12:7; 고전 12:8; 엡 4:11).

셋째, 하나님과 아담, 아담과 하와 그리고 아담과 자연 세계에 대한 이해와 상관관계를 포함한다. 기독교교육은 하나님에 대해서만이 아니라 사회 그리고 자연 만물에 대한 가르침을 포함함을 의미한다.

이와 조화가 되는 기독교교육이란 "하나님과 인간, 인간과 이웃하는 인간 그리고 인간과 자연 세계에 대한 참된 이해와 이들 상호 간의 관계를 재창조 및 개발하는 것"이다. 즉 "인간의 삶 다시 말해 그리스도 안에서 하나님을 아는 지식, 신앙, 희망 그리고 사랑을 통해서 인간이 성장하고 발전하는 과정으로서 이는 영감과 인간끼리의 상호 협력을 통해서 이루어지는 것이다"라고 말할 수 있다. 이를 요약한다면 서술적인 관점에서의 기독교교육이란 '하나님과 동역하는 인간의 가르치는 사역'이라고 정의할 수 있다.

개혁신학과 교회교육

첫째, 교회교육은 하나님 중심 교육이어야 한다. 교회교육에서 교육을 행하는 주체나 대상은 모두 하나님의 형상으로 창조된 종교성을 지닌 인간이다. 종교성을 지녔다는 것은 하나님을 섬겨야 하는 존재임을 말한다. 하나님은 사람의 마음에 종교성의 씨앗을 두셨기 때문에 하나님을 올바로 섬기기 위해서는 하나님을 경배하는 이유와 방법을 배워야 한다. 그러므로 인간에게는 교육이 필요한 것이다.

성경은 "부모가 자녀들에게 해야 할 의무인 교육은 근본적으로 종교적이어야 함"을 지적하고 있다. 특히 그리스도인들에게는 교회교육만이 아니라 기독교 가정교육을 시행하여야 한다. 솔로몬은 잠언 22장 6절에서 "마땅히 행할 길을 아이에게 가르치라 그리하면 늙어도 그것을 떠나지 아니하리라"고 하였다. 여기서 '마땅히 행할 길'은 무엇을 의미하는가? 그것은 '언약의 길'을 말하는 동시에 하나님 중심의 신앙교육을 의미한다. 이러한 교훈은 교회에서의 신앙교육과 더불어 가정에서의 신앙교육을 포함한다. 잠언의 구절은 하나님 중심의 교육을 교회에서 그리고 가정에서 후세들에게 시행해야 함을 말해준다.

둘째, 교회교육은 본질적으로 개혁신학에 근거를 두어야 한다. 교회교육이 그 근거를 두고 있는 '언약'은 개혁신학의 핵심 내용이다. 그러므로 언약교육은 개혁신학의 특성인데 반틸은 언약교육의 특성을 "그(인간)의 환경과 함께 피조물을 하나님께로 회복시키려고 하는 것"이라 하였다. 곧 언약교육은 인간의 타락으로 말미암아 잃어버렸던 하나님의 형상을 회복시키는 것에 초점을 둔다. 타락으로 말미암아 오염되고 부패된 인간들이 잃어버린 하나님의 형상을 회복시키기 위해서는 언약교육을 강조하는 개혁신학에 그 근거를 두어야 한다.

또한 교회교육이 그 근거를 두는 신학은 성경을 하나님의 말씀으로 신봉하는 개혁주의 신학이라야 한다. 왜냐하면 신학 중에서도 자유주의 신학은 인간의 이성이 규범이 되어 하나님의 말씀을 판단하려 하고, 신정통신학은 인간의 경험이 규범이 되어 하나님의 말씀을 판단하려고 하는 반면에, 개혁신학은 성경을 하나님의 말씀으로 받으며 또한 성경의 무오성을 주장하기 때문이다. 그리고 창조주이시며 구속주이시며 섭리주이신 하나님을 올바로 계시해주는 신학이기 때문이다. 따라서 창조, 언약 그리고 하나님의 명령과 밀접한 관계를 형성하는 교회교육은 개혁신학에 기초를 두어야 한다.

제**4**장
교회교육의 정체성

교회교육은 학습자들로 하여금 하나님 중심의 삶을 살도록 가르치는 것이 그 본질이 되고 또한 목적이 되어야 한다. 웨스트민스터 소요리문답서의 제1문에서 말하는 인간의 목적을 실천하기 위해서는 하나님 중심의 삶이 되어야 하는데 이러한 하나님 중심의 삶이 바로 개혁주의 교회교육의 핵심이다. 곧 개혁주의 교회교육은 성도들이 하나님 중심의 삶을 살도록 그들의 지적인 면, 정서적인 면, 그리고 생활의 면을 개발하도록 이끌고 도와주는 것이다.

제4장

교회교육의 정체성

'정체성'이란 무엇인가? 이는 어떤 대상을 인식할 수 있는 동일성을 말한다. 어떤 활동이 교회교육을 다른 것들로부터 구별하게 해주는 특징적인 것을 정체성이라고 할 수 있다. 여기서는 교회교육을 다른 활동 특히 교회 활동과 구별하게 해주는 활동을 말한다. 이제 개혁주의 교회교육의 정체성을 제시할 목적으로 교육을 행하는 동기에 대하여 살펴보는 것이 필요하다.

교육하는 동기

인간이 교육을 통하여 성취하고자 하는 것은 무엇인가? 곧 교육을 하는 이유는 무엇인가?

이러한 질문에 대한 대답은 당사자가 어떠한 학문적 그리고 사상적 배경을 가지고 있느냐에 따라 달라질 수 있다. 또한 이 질문이 묻는 것은 교육을 통하여 성취하려는 것이 교양인을 양성함에 있는가 아니면 전문가를 양성함에 있는가 하는 문제이다. 화이트헤드는 전문적인 지식은 없더라도 일정한 절차에 정통하고 분별력과 다양한 재능을 가지고 있는 사람을 교양인이라 하는데 그 의미는 아마추어라는 뜻이라고 말했다. 원래 '아마추어'란 말은 '사랑한다'라는 뜻의 라틴어 'amare'에서 왔다. 이러한 의미는 현대 사전에서도 찾을 수 있다. 웹스터 사전에서 'amateur'의 뜻을 찾아보면 전문가를 의미하는 '프로페셔널'의 개념과 비교되는 개념을 가지고 있을 뿐 아니라 '헌신자'라는 개념도 가지고 있음을 보여준다. 즉, '아마추어'란 말은 원래 '어떤 것에 대한 지식이 없고 서툰 사람'이라는 의미로 쓰이지만 그 단어는 '무엇을 사랑하고 헌신하는 사람'이라는 의미로도 쓰인다. 그는 물질의 보상이나 권력과 명성, 지위를 얻기 위하여 어떤 일을 하는 사람이 아니라 자신이 하는 일 자체를 위하여 혹은 사회를 위하여 헌신하는 사람이다. 지금까지 우리 사회는 이러한 아마추어들의 순수한 사랑과 헌신에 기초하여 성장해왔다고 할 수 있다.

지금도 교육은 인문 교육을 통하여 교양인을 배출할 것인가 아니면 직업 교육을 포함한 전문 교육을 통하여 전문인을 양성할 것인가의 사이에서 우유부단하게 결단을 내리지 못하고 있다. 이는 교육의 본질을 넘어선 곧 교육에 대한 정책적 선택 사항이다. 교양인을 양성하는 것도 교육의 본질이요, 전문인을 양성하는 것도 교육의 본질이다. 교양인의 양성이냐 전문인의 양성이냐 하는 것은 교육의 본질적인 문제라기보다는 교육 성향의 문제이다. 곧 교양 교육은 정신의 활동 능력을 배양하는 것에 초점을 두는 반면에 전문 교육은 배양된 정신의 활동 능력을 실제적인 삶의 영역에서 활용하는 것에 초점을 두는 것이다.

화이트헤드는 '왜 교육을 하는가?'라는 물음에 대하여 학생들의 자기

능력개발을 북돋워주고 이끌어주는 데 있다고 대답하였다. 곧 교육이란 인간이 본성적으로 가지고 있는 잠재력을 개발하는 것이라는 의미이다. 그렇기 때문에 학생들의 자기능력을 개발하기 위해서는 지식의 주입에만 초점을 두어서는 안 된다. 주지주의자들에게서와 같이 지식의 주입만을 강조하는 교육이 되지 않기 위해서 화이트헤드는 두 가지를 제시한다. 즉, "너무 많은 과목을 가르치지 말라"는 것과 "가르치는 것은 철저하게 가르치라"는 것이다. 너무 많은 과목을 가르쳐 수박 겉핥기식의 교육을 한다면 학습자들은 연관성이 없는 개념들을 소극적으로 받아들이게 되어 결과적으로 자기능력을 개발하는 데 실패할 수밖에 없다는 것이다.

어떤 사람들은 교육이란 사람들에게 유용한 것을 전수하는 것이라야 한다고 말한다. 그들은 삶의 목적이 무엇이든 그러한 삶과 목적에 있어서의 유용성, 특히 경제적인 유용성을 가리킨다. 그러나 국가 경제의 생산성이 교육의 질과 연관이 있다는 증거가 없을 뿐 아니라 많은 일자리는 미리 학교에서 교육해야 할 만큼의 지식과 기술을 필요로 하지 않는다는 문제점이 있다. 교육을 민족의 문화유산의 계승 및 발전을 위한 것으로 간주하는 것은 교양 교육의 측면을 강조한 것이며, 교육을 개인의 삶을 극대화하는 데 유용한 것으로 간주하는 것은 전문 교육의 측면을 강조한 것이다.

교회교육의 정체성

위에서 교육의 동기에 대하여 살펴보았다. 그러면 이제 이러한 교육 동기에 기초하여 개혁주의 교회교육이 가져야 할 정체성을 제시하려고 한다. 이를 위하여 교회교육의 본질, 기초 그리고 정체성에 대하여 알아보자.

교회교육의 본질

교회교육의 본질은 소극적인 측면과 적극적인 측면의 두 가지 관점에서 살펴볼 수 있다. 소극적인 측면에서 개혁주의 교회교육의 본질은 세속 교육의 본질에서와 마찬가지로 교수-학습 과정과 같이 서술적으로 나타낼 수 있고, 성경적 지식과 이해 그리고 성경적 가치의 전수처럼 규범적으로 나타낼 수도 있다. 이러한 교회교육을 통하여 성경적 지식, 가치관 그리고 문화가 다음 세대들에게 전달되면 그 후세대는 전수받은 지식을 발달시켜 그 다음 세대에 전함으로써 교회라는 신앙 공동체의 발전을 가져온다. 그 결과로 성경적 가치관과 세계관 그리고 인생관이 개발된다. 이를 그림으로 나타내면 〈그림 7〉과 같다.

〈그림 7〉 교육의 정의

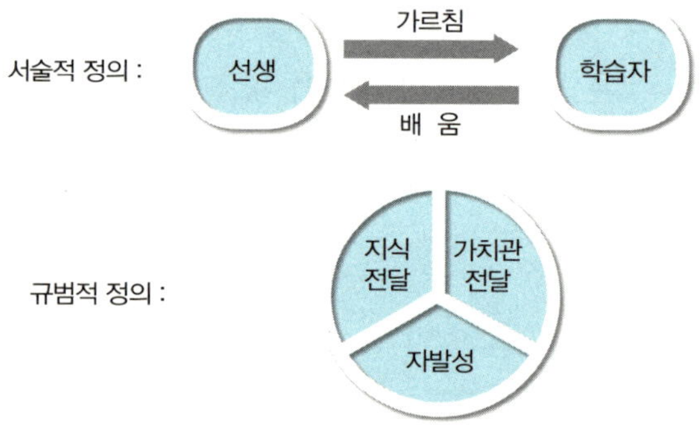

서술적 정의 : 선생 ─가르침→ ←배움─ 학습자

규범적 정의 : 지식 전달 / 가치관 전달 / 자발성

적극적인 측면에서 교회교육의 본질을 살펴본다면, 인간에게 가장 중요한 목적인 '하나님을 영화롭게 하고, 영원토록 그를 즐거워하는 것'을 목표로 삼고 교육하는 것이다. 그 이유는 교회교육은 개인 신자들로 하여금 자신의 인생의 목적을 실현할 수 있게 해주는 것이기 때문이다. 그렇다면 어떻게 하면 개인 신자들이 그들의 삶에서 하나님을 영화롭게 할 수 있는가? 그 방법은 그들로 하여금 "……나는 그들의 하나님이 되고……"(렘 31:33하)라고 말씀하신 하나님의 요구를 실천하게 하는 것이다. 교회교육은 학습자들로 하여금 하나님 중심의 삶을 살도록 가르치는 것이 그 본질이 되고 또한 목적이 되어야 한다. 웨스트민스터 소요리문답서의 제1문에서 말하는 인간의 목적을 실천하기 위해서는 하나님 중심의 삶이 되어야 하는데 이러한 하나님 중심의 삶이 바로 개혁주의 교회교육의 핵심이다.

곧 개혁주의 교회교육은 성도들이 하나님 중심의 삶을 살도록 그들의 지적인 면, 정서적인 면 그리고 생활의 면을 개발하도록 이끌고 도와주는 것이다. 학습자의 지적인 면을 개발하기 위해서는 하나님의 말씀을 가르쳐 그 내용을 알게 할 뿐 아니라 성경적인 관점에서 사물을 보고, 생각하고, 판단할 수 있게 해주어야 한다. 이렇게 지적인 면에서의 개발은 성경 지식의 단순한 전수보다는 성경적 관점을 형성하게 해주는 것이어야 한다.

정서적인 면을 개발한다는 것은 알고 있는 성경 지식에 대한 확신을 갖게 한다는 뜻이다. 교회교육을 하는 이유는 단순히 성경 지식을 얻게 한다거나 성경적 관점을 형성하게 하는 것만이 아니라 배운 것에 대하여 확신하고 믿게 하는 것이다. 하나님을 알기 위해서는 성경이 말하는 대로 하나님을 믿고 또한 하나님의 명령에 순종하여 살아야 한다. 그 결과로 하나님과 성경 말씀을 사모하게 하여 하나님과 하나님의 사역에 대하여 헌신하도록 하는 것이다.

생활의 면을 개발한다는 것은 알고 있는 지식과 마음의 확신을 넘어 배운 것을 삶에 실천하고 적용하게 한다는 뜻이다. 곧 개혁주의 교회교육은 성경 지식을 전수하여 학습자들이 그 내용을 기억하고 신뢰하는 것으로 만족하지 않는다. 학습자의 삶 전체가 하나님께 드려지는 헌신적인 삶이 될 때 교회교육의 목적이 성취되는 것이다. 곧 바울이 "…… 너희 몸을 하나님이 기뻐하시는 거룩한 산 제물로 드리라"(롬 12:1)고 한 것처럼 학습자들의 삶 전체가 하나님께서 기뻐하실 수 있도록 변화되어가는 것이다.

교회교육의 기초

그러면 개혁주의 교회교육은 무엇에 기초하여야 하는가? 개혁주의 교회교육의 특징을 살펴볼 때 이에 대한 대답을 찾을 수 있다. 반틸은 "교육과 관련된 하나님의 직접적인 명령들이 언약개념에서 보다 더 정확하게 나타난 곳은 없다. 그리고 언약 개념은 단지 창조론에 함유된 교육적 원리의 압축된 진술에 지나지 않는다"고 하였다. 이를 도식으로 표현하면 다음과 같다.

창조 -> 언약 -> 하나님의 명령 -> 교회교육

개혁주의 교회교육은 규범적인 측면에서 말하자면, 하나님 말씀에 대한 지식의 전수, 성경적 가치관의 전수가 그 핵심인데 이는 성경의 전수이다. 성경 전수의 내용을 세분한다면 성경적 형이상학, 성경적 인식론, 성경적 가치관으로 나눌 수 있다. 이를 달리 표현하자면, 성경적 세계관과 인간관, 성경적 실재론 그리고 성경적 지식론이다. 곧 이 요소들이 개혁주의 교회교육의 기초가 된다.

성경이 개혁주의 교회교육의 기초가 되어야 하는 이유는 성경은 교육의 다양한 이론적 활동과 실제에서 죄인 된 사람들의 왜곡된 시각을 교정하여 바르게 초점을 맞출 수 있게 하기 때문이다. 교육에서는 가르치는 교사가 누구이며, 배우는 학습자가 누구인가에 대한 관점과 전제가 중요하다. 학습자를 '자신의 현재 경험을 확대할 수 있는 능력을 지닌 행동하는 유기체', '다른 사람을 조작할 수 있게끔 조작된 사람의 의사에 따라 조작될 수 있는 존재 곧 기계' 혹은 '자신의 삶을 스스로 건축할 수 있는 자율적인 개인'이라고 보는가 아니면 '하나님의 형상'이라고 보는가에 따라 교육의 목표, 내용, 방법이 달라지기 때문이다. 이러한 개혁주의 인간관으로서의 내용은 하나님의 형상, 종교적 존재, 전인적 존재, 다차원적 존재를 말하고, 창조 세계의 다양성과 통일성을 통하여 실재에 대한 이해를 추구하며, 질서와 의미, 인간의 본질, 목적, 과업 그리고 구원의 필요성 등을 포함한다.

교회교육의 정체성

그리스도인만이 교육의 중요성을 인식하고 있는 것은 아니다. 비기독교인도 교육의 중요성을 인식하고 있다. 모두가 '교육'이라는 같은 단어를 사용하고 있음에도 불구하고 그들이 사용하고 있는 단어의 정의와 개념은 다르다. 즉 기독교인은 기독교교육을 주창하며, 비기독교인은 세속교육을 주창한다. 여기서 관심을 두어야 할 것은 교육에 관한 어떠한 관점의 정의이든, 누구의 정의이든 간에 교육이라는 개념은 논의하는 사람의 철학 그 중에서도 인간관에서 출발할 수밖에 없다는 점이다. 개인의 인간관에 따라 교육의 방법론에 대한 대안이 달라지고 또 추구하고 나아가고자 하는 삶의 목표도 달라지며 이에 따라 성취하고자 하는 목표의 설정이 달라지기도 하고, 인생의 출발점에서 도착점으로 인도하여 가는 행위 또는 활동의 방법도 달라질 수 있다. 이 말은 교육의 본질에 대한 참된 이해는 각 관점의 근저에 스며 있는 인간관에 대한 이해에서 비롯되며 그 관점이 제시하는 바람직한 인간상을 통하여 교육의 목표가 설정되고 그에 따라 그 성취 여부에 대한 평가도 가능하게 된다는 것이다.

이에 기초하여 그렇다면 '세속교육이란 과연 어떤 것인가?'라는 물음을 갖게 되고 그에 대한 대답을 요구하게 된다. 일반적으로 세속교육이란 신본주의와 비교되는 개념인 인본주의에 기초한 교육을 가리킨다. 곧 하나님 중심 교육이 아니라 인간 중심 교육인 것이다. 인간 중심 교육은 인간이 쌓아올린 지식을 전수하고, 세속적 가치관을 전수함으로써 보다 나은 사회, 보다 나은 삶을 영위하고자 하는 것이다. 이러한 세속주의에 기초한 인본주의 인간관은 각 개념의 철학적인 배경에 따라서 사람이란 그 나름대로 진리, 지식, 가치를 추구할 수 있는 자율적인 인간이라거나 행동하는 유기체라거나 실존하는 '외톨이'로서의 인간임을 주장한다. 예를 들자면, 행동주의 철학에서 말하는 인간은 자율적인 존재가 아니라 기계와 같은, 아니 바로 기계인 것이다. 다시 말하면, 지금까지 전통적으로 인지되어 오던 또는 신학적으로 제시되어 오고 있던 영적, 자율적, 사회적, 합리적인 존재로서의 인간, 더 나아가 모든 것을 다스릴 권한과 책임을 가진 자율적인 인간관은 거부되고 '합당한 방법으로 행동하는 복합적인 조직체로서의 기계'로 간주한다. 사람은 다른 동물과 전혀 다른 차원의 존재가 아니라 그것들과 마찬가지로 생물학적인 조직체로서 과학적인 분석의 대상이 되기도 한다. 분석의 대상이 될 뿐 아니라 그의 행동조차도 주위의 환경을 변화시킴으로써 조건화시킬 수 있다고 주장한다. 곧 행동주의 또는 환경론에서 사람은 자율적인 존재가 아니라 환경의 변화에 따라 행동을 변화시키는 존재, 다시 말해 환경의 지배를 받는 존재라는 것이다. 이 환경론은 오웬(R. Owen)과 셀데스(G. Seldes)에서 시작하여 스키너(B. F. Skinner)에게서 완성을 본 이론이다.

그러나 기독교교육은 그 출발점에서부터 곧 인간관에서부터 세속교육과 달리하고 있다. 물론 다양한 철학에 입각하여 각기 특징적인 이론을 제시하는 세속교육론들과 마찬가지로, 기독교교육론의 특성도 기독교의 인간관에 있다. 이러한 칼빈주의 또는 개혁신학의 인간관과 세속주의의 인간관 사이에는 큰 차이가 있다. 칼빈주의의 인간관은 그의 기틀이 되고 규범이 되는 성경 창세기(1:27)에 다음과 같이 제시되어 있다. "하나님이 자기 형상 곧 하나님의 형상대로 사람을 창조하시되 남자와 여자를 창조하셨다." 이 구절은 추론적인 것도, 설명적인 것도 아닌 선언적인 명제이다. 이 명제에서 우리는 사람과 다른 피조물과의 관계를 두 가지 면에서 파악할 수 있다.

첫째는 사람의 독특성이다. 그 독특성은 이미 존재의 양식에서부터 유래된다. 즉 다른 짐승들은 그 종류대로 지으셨다(창 2:29). 그러나 사람은 하나님의 형상대로 지음을 받은 것이다. 여기서 염두에 두어야 할 것은 하나님의 형상대로 지음을 받았다는 말이 과연 무엇을 뜻하는 것인가 하는 것이다. 우리의 모습이 하나님의 외적 모습을 닮았다는 것인가? 그럴 수는 없다. 왜냐하면 하나님은 영이시므로(요 4:20) 육체적 형상을 가지신 분이 아니라는 사실에서 그 해답을 유추할 수 있다. 따라서 하나님의 형상을 닮았다고 할 때 외적이고 육체적인 면에서 닮았다는 것을 의미하는 것이 아님을 재인식해야 한다. 그러면 무엇을 뜻하는 것인가?

이는 육적인 면이 아니라 영적인 면에서 그러하다는 것이다. 이 말이 의미하는 바는 사람 이외의 모든 동물들은 합리성이 결여되어 비합리적으로 행하는 존재라는 것이다. 동물들은 이렇게 비합리적인 존재들이므로 스스로의 행위에 책임이 없으나 이성을 지니고 있는 사람은 자신의 말과 행위에 대하여 책임이 있다. 책임을 맡은 사람은 이유가 어떠하든 간에 잘못하거나 제대로 하지 않을 때는 책임을 추궁당하게 되고 그에 대한 응분의 값도 치러야 한다. 그러나 동물들은 어떠한 이유로든지 사람이나 또는 그 재산에 해를 끼쳤을 때 책임을 추궁당하지 않으며 또 책임을 추궁하고자 하여도 할 수 없다. 또 삶의 방법에서도 같은 피조물들로서 동물들은 먹고 먹히는 관계를 유지하지만 사람은 모든 동물들을 정복하고 다스리는 관계이다. 사람은 하나님으로부터 이러한 능력과 권한을 부여받은 독특한 존재이다.

이러한 것들이 사람과 다른 피조물들을 구별짓는 기준이요, 사람에게만 주어진 독특성이라 하겠다. 이러한 사람의 독특성에 대하여 시편 기자는 이렇게 노래하고 있다. "사람이 무엇이기에 주께서 그를 생각하시며 인자가 무엇이기에 주께서 그를 돌보시나이까 그를 하나님보다 조금 못하게 하시고 영화와 존귀로 관을 씌우셨나이다 주의 손으로 만드신 것을 다스리게 하시고 만물을 그의 발 아래 두셨으니 곧 모든 소와 양과 들짐승이며 공중의 새와 바다의 물고기와 바닷길에 다니는 것이니이다"
(시 8:4-8)

이러한 독특성에 이어 두 번째 사람과 다른 피조물과의 관계는 사람과 동물과의 동질성이다. 즉 둘 다 피조물이라는 것이다. 비록 창조되는 과정에서는 차이가 있으나 그 본질상 모두 피조물이라는 것에는 차이가 없다. 하나님께서 사람을 자기 형상 곧 하나님의 형상을 따라 하나님의 모양대로(창 1:26), 흙으로(2:7) 창조하셨고 또 그 동일하신 하나님께서 "흙으로 각종 들짐승과 공중의 각종 새를"(2:19) 창조하심에서 볼 때 이 모두는 지으심을 입은 피조물인 것이다. 이는 창조주가 존재하심을 전제로 할 때만 존재 가능한 실체인 것이다. 창조주가 아닌 모든 실체가 피조물인데 이러한 피조물의 한 부분에 사람과 다른 모든 동물들이 속하는 것이다. 따라서 사람과 동물은 창조주가 아니고 창조주로 말미암은 피조물이란 점에서 공통점을 지니고 있다. 바울은 로마서 11장 36절에서 이렇게 고백하고 있다. "이는 만물이 주에게서 나오고 주로 말미암고 주에게로 돌아감이라." 여기서 바울이 말하는 '만물이 주에게서 나오고'라는 구절은 하나님만이 모든 만물의 근원이 되시고 섭리주가 되심을 말한다. 곧 모든 피조물은 하나님으로 인하여 존재하게 되었다.

교육이 가지고 있는 기능을 살펴보기 위하여 다시 성경적 인간관의 독특성을 생각해보자. 위에서 진술한 대로 사람은 하나님의 형상대로 독특하게 지음 받은 존재이지만 아담의 불순종으로 말미암아 '본질상 진노의 자녀'가 되었다. 이러한 불순종은 인간만의 특성인 하나님의 형상을 잃어버리게 되는 원인이다. 성경은 이러한 인간을 본질상 진노의 자녀라고 할 뿐 아니라 '허물과 죄로 죽은 자'들이라고 말한다.

그러면 어떻게 이처럼 '영적으로 죽은 자'를 살릴 수 있겠는가? 그것은 율법 조문이 아니라 영인 것이다(고후 3:6). 사람을 살리는 것은 영의 역할이며 기능이지 교육의 기능이 아니다. 여기서 우리는 살리는 것과 자라게 하는 것의 구별을 분명히 해야 한다. 살리는 것은 생명을 주는 것이요, 자라게 하는 것은 제반 필요한 요소들을 제공함으로써 성숙을 향하여 나아가게 하는 것이다. 그러므로 둘의 기능은 다른 것이다. 성령은 사람을 살리게 하나 교육은 사람을 성장하게 한다. 자라게 하는 것보다 생명을 살리는 것이 더 본질적인 것이다. 이해를 돕기 위해 비유를 들어보자. 봄에 농부가 논에 나가서 볍씨를 뿌리되 죽은 씨를 뿌린다면, 뿌리고 나서 물을 대어주고, 햇볕을 잘 쪼이고, 비료를 뿌려주고, 잡초를 제거하는 등 온갖 노력과 정성을 다하여도 자라날 수가 없다. 그 이유는 분명하다. 그 씨에는 성장하게 하는 생명이 없기 때문이다. 이는 단지 씨앗과 같은 물질세계에만 적용되는 진리가 아니다. 영적인 면에서도 마찬가지다. 사람들이 아무리 열심히 성경에 대하여 배운다 해도 그 심령이 살아 있지 않는 한 곧 중생한 심령이 아니라면 교육은 그 심령을 새롭게도, 자라나게도 할 수 없다. 곧 성령의 사역으로 그 심령이 먼저 살아야만 그 다음에 성령과 함께 동역하는 인간의 사역인 교육으로 그 심령이 영적으로 자랄 수 있다. 이것이 기독교교육의 관점이요, 출발점인 것이다.

부쉬넬(H. Bushnell, 1802-1876)은 그리스도인이지만 기독교교육에 관한 조금 다른 개념을 지니고 있다. 곧 그는 인간의 교육 행위와 성령의 중생 사역을 구별하지 않는다. 그는 다음과 같이 말하고 있다. "기독교 교육에 대한 참된 생각은 어떠한 것인가? 내가 제시하려고 하는 논제의 목표가 될 다음의 명제로서 진술하고자 한다. 아이들은 그리스도인답게 양육시켜야 하며 결코 그리스도인 이외의 다른 어떤 사람으로 간주되어서는 안 된다." 이러한 부쉬넬의 기독교교육에 대한 개념은 성령의 독자적인 사역과 함께 동역하는 인간의 사역 곧 교육을 구별하는 데 대한 실패에서 온 것이라고 하겠다.

이는 또 칼빈주의의 예정론과 인간의 전적 타락이라는 전제에서 볼 때도 분명하다. 곧 인간의 뜻과 힘으로 되는 것이 아니라 하나님의 경륜과 예정에 따라 각 개인은 하나님의 자녀로 선택되기도 하며 유기되기도 하는 것이다. 이는 단순히 선택 영역에서만이 아니라 모든 경륜에서 그러함을 전도서 기자는 다음과 같이 고백하고 있다. "범사에 기한이 있고 천하 만사가 다 때가 있나니"(전 3:1).

그렇다면 이제는 교회교육 특히 개혁주의 교회교육이 왜 필요한가를 생각해보자. 인간의 본질의 관점에서 볼 때 인간은 종교성을 지니고 있으며 그 종교성으로 인해 교육이 필요하다. 이때 교육의 목표는 아담의 타락으로 말미암아 잃어버렸던 하나님의 형상 회복이다. 그리고 인간이 하나님의 형상이라는 말은 인간은 종교적 존재라는 의미이며, 인간이 종교적 존재라는 말은 교육을 필요로 한다는 뜻이다.

교회교육과 언약의 관계성을 고려할 때, 교회교육은 필요하다. 하나님께서 인간을 창조하셨다는 사실에서 언약 개념은 교회교육의 원리로 드러난다. 곧 언약 관계는 언약의 자녀들에게 교회교육을 제공할 의무가 있음을 보여준다. 그 근거로는 첫째, 신자의 자녀들은 그들의 부모와 함께 하나님의 가족 곧 하나님의 양자가 되었다는 사실에 기초한다. 즉, 하나님의 양자로 살기 위해서는 언약에 기초한 교회교육을 받아야 한다. 둘째, 신자의 자녀는 언약 약속의 상속자임에 근거한다. 곧 신자의 자녀는 복된 언약의 상속자이다. 그러한 복을 주신 하나님께 감사하는 법을 교회교육을 통하여 배워야 한다. 셋째, 교회교육의 필요성은 언약의 요구에 기초한다. 하나님은 언약 자녀들에게 성화의 삶을 살도록 요구하시는데 이를 위해서 교육이 필요하다.

이러한 교회교육의 필요성과의 관계 속에서 교회교육의 정체성을 어떻게 정의할 수 있는가? 먼저 서술적 의미에서 볼 때 교회교육의 정체성이란 개혁신학적 관점을 지닌 교사가 학습자들에게 기독교의 진리와 가치관을 가르치는 것이다. 개혁신학적 관점을 지니기 위해서는 개혁신학에 대한 전문적 지식이 꼭 필요한 것은 아니다. 그리고 규범적 의미에서 교회교육의 정체성이란 기독교적 지식과 원리, 기독교적 가치관과 세계관을 학습자인 성도들에게 가르치는 것이다. 이러한 지식과 가치를 가르치기 위해서는 그리스도인 교사는 성경에 대한 지식, 교육 목적과 방법 그리고 기독교 세계관을 필요로 한다. 그리고 배우는 학습자에 대한 기독교적 관점 등을 정립하는 것이 교회교육의 정체성이다. 그리고 개혁주의 교회교육의 정체성은 학습자가 부패된 존재임을 전제하여 말씀과 성령의 역사를 통하여 그들의 삶이 예수 그리스도 안에서 새롭게 회복되는 것에 그 목표를 두는 것이다.

제 5 장
교회교육의 목표

교회가 가장 우선해야 할 일은 복음을 전하고 성도를 믿음으로 양육하는 일이다. 교회학교는 이러한 목적을 위하여 설립되었으므로 교회교육의 최우선 사역은 전도와 가르침이다. 이것은 최우선 사역인 동시에 가장 중요하고 긴급한 사역이다. 이 두 사역은 균형을 이루어야 한다.

제5장

교회교육의 목표

    2006년 12월, 바나 리서치에서 실시한 조사 가운데 신앙적 삶에 대해 발견한 내용들 중 몇 가지 사례는 다음과 같다. 그 중 하나는 다수의 성도가 자신은 매우 영적이라고 말하고 삶에서 신앙이 매우 중요하다고 말하지만 정규적으로 예배에 참석하는 성도들의 15%만이 삶에서 하나님과의 관계를 가장 중요한 것으로 답하였다. 한편 목회자들은 그들 성도들의 70%가 하나님과의 관계를 삶에서 가장 중요한 것으로 여길 것이라고 생각한다. '경건'이라는 말도 대다수 성도들의 의식에서 흐려졌다. 성도들의 21%만이 자신들이 거룩한 생활을 한다고 생각한 반면에 다수의 사람들은 '거룩'에 대한 생각이 없었고 단지 35%만이 하나님께서 사람들이 거룩할 것을 기대하신다고 생각했다. 부모 10명 중 7명은 자신들이 자녀의 영적 성숙을 돕고 있다고 생각했지만 조사에서는 8~12세 어린이 중 1/3만이 부모가 그들의 삶에 좋은 영향을 끼쳤다고 답하였다.

성도들의 삶이 영적이다	목회자	성도	
	70%	15%	
성도는 경건한 삶을 산다	그렇다	생각이 없다	하나님이 기대하신다
	21%	다수	35%
부모는 자녀의 영적 성장에 도움이 된다	부모	자녀	
	70%	33%	

1990년 성경 지식에 관한 조사에서는 미국 그리스도인 장년의 58%가 산상보훈을 가르친 분이 누구인지 모르고, 대부분이 신약의 첫 4권의 이름을 몰랐으며, 52%가 성경에 요나서가 있는지를 모르고, 절반 정도가 (48%) 성경에 도마서가 없다는 것을 몰랐다. 10명 중 4명(38%)이 이사야서가 구약인 줄 알지 못하였고, 29%는 예수님의 제자가 몇 명인지를 알지 못하였다.

미국 청소년과 종교연구소에서는 2002~2003년에 걸쳐 미국 청소년들의 종교 실태를 조사하였다. 1차 조사로는 무작위로 선정한 부모들과 십대들을 대상으로 전화 인터뷰를 하였고, 이어 2003년 봄과 여름에 실시된 2차 조사에서는 전문연구자 17명이 미국 45개 주에 흩어져 있는 267명을 직접 만나서 면담하였다. 조사 내용 중 신앙이 있는 가정에서 태어난 청소년이 신앙을 버리게 된 이유(13-17세)를 보면 그 중 절반이 특별한 이유가 없었다. 좀 더 구체적으로 살펴보면 다음과 같다.

지적 회의 및 불신	32%	이유를 모름	22%	흥미 상실	13%
그냥 출석 않음	12%	삶에 문제가 생김	10%	종교가 싫음	7%
부모의 도움 부족	1%	이유 없음	2%		

면접 대상자들을 나이에 따라 세 그룹(13-15세, 16-17세)으로 나누었는데

이들 그룹 간에도 의미있는 차이가 없었다. 신앙이 있다고 말하는 십대 중에서 주 1회 이상 예배에 출석하는 비율은 40%, 월 1~3회가 19%, 연수회가 22%, 전혀 출석하지 않는다는 비율이 18%였다. 갤럽이 성경지식에 관하여 시행한 조사들은 모두가 동일하게 그리스도인들의 성경지식이 매우 부족함을 보여준다. 이는 교회학교 교사들이 직면한 문제이다. 이러한 상황에서 교회학교 교사는 무엇을 중요한 목표로 삼아야 할 것인지 그리고 목표를 설정함에 있어서 꼭 살펴야 할 기초 요소들에는 어떤 것들이 있는지 알아보자.

목표 설정의 기초

일부 사람들은 교회교육 목표의 필요성을 인정하지 않는다. 그 이유는 목표를 설정하는 것은 하나님의 역사하심을 방해하거나 하나님의 능력을 인정하지 않는 것으로 생각하기 때문이다. 곧 그들은 교회 사역에서 계획을 세우는 것은 믿음의 행위가 아니라고 생각한다. 온전한 믿음을 가진 사람은 하나님을 전적으로 의지하면 하나님께서 성도들의 미래를 책임져주실 것이므로 미래에 대한 세밀한 계획을 세우지 말아야 한다고 생각한다. 교회학교 교사들은 하나님께서 우리의 미래를 지켜주실 것을 믿어야 하지만 믿음이 있다고 해서 하나님께서 주신 은사와 능력을 사용하여 미래를 계획하지 말아야 하는 것은 아니다.

교회학교는 "제자를 삼으라"는 예수님의 대위임령을 실천하는 핵심 부서이다. 사람들을 제자로 삼아 가르치라는 예수님의 대위임령은 교회학교, 교회교육 그리고 교사의 목표이다. 목표 설정은 매우 중요하다. 이 때의 목표는 너무 무리한 것이거나 너무 쉬운 것이 아니고 도전해 볼 만한 것이어서 학습자들의 동기를 유발시킬 수 있어야 한다. 교회교육 목표를 올바르게 설정하는 데 기초가 되는 요소들은 다음과 같다.

중요성과 긴급성

교회교육 목표는 그 중요성과 긴급성에 기초해야 한다. 곧 이러한 중요성과 긴급성에 따라 교회교육 목표의 우선순위가 정해져야 한다. 교회교육에 있어 가장 중요하고 긴급하다고 생각하는 것이 무엇인가를 판단하는 하나의 방법은 교회교육의 시간, 힘, 재정을 무엇에 쓰고 있는가를 살펴보는 것이다. 그리고 다른 하나는 이러한 것들에 시간, 힘, 재정을 쓰는 것이 타당한가를 생각해보아야 한다. 그러나 이것보다 더 중요하고 긴급한 것은 교회의 목적을 아는 것이다. 교회가 가장 우선해야 할 일은 복음을 전하고 성도를 믿음으로 양육하는 일이다. 교회학교는 이러한 목적을 위하여 설립되었으므로 교회교육의 최우선 사역은 전도와 가르침이다. 이것은 최우선 사역인 동시에 가장 중요하고 긴급한 사역이다. 이 두 사역은 균형을 이루어야 한다.

비전

교회교육의 목표는 비전에 근거해야 한다. 즉, 교회학교와 교사가 교회교육에 대하여 품고 있는 비전에서 나온다. 이 비전은 하나님께서 교회학교와 학습자들에 대하여 의도하시는 것에서 나온다. 그러므로 교회학교 교사들은 하나님의 비전을 이루는 도구이다. 교회가 하나님께서 가지고 계시는 교회학교와 학습자들에 대한 비전을 알지 못할 때 교회교육은 목표가 없어지고, 목표가 없어지면 교회교육은 활성화되지 못한다. 그렇다면 무엇을 통하여 우리를 향한 하나님의 비전을 알 수 있는가? 거기에는 최소한 세 가지의 요소가 있는데 곧 성경, 성령 그리고 교회이다.

교회학교와 학습자들은 성경을 통하여 자신들을 향하신 하나님의 비전을 알 수 있다. 성경은 하나님의 목적을 보여주고 교회학교를 향한 하나님의 비전을 알게 해주기 때문이다. 교회학교 교사는 교회를 향한 하나님의 비전을 알게 하시는 성령께서 자신과 학습자들의 삶 속에서 역사하시도록 마음을 열어야 한다. 그러나 교회학교와 교사들은 자신들의 힘으로 하려고 한다. 결코 하나님의 능력을 의지하려 하지 않는다. 교사들이 하나님께서 주신 비전에 따라 도전적인 목표를 설정하지 않는 한 교회학교와 학습자들의 성장은 기대할 수 없다. 그 이유는 도전적인 교회교육의 목표만이 학습자들의 적극적인 참여를 유도할 뿐 아니라 성장하게 하기 때문이다. 이를 요약하면 다음 〈그림 8〉과 같다.

〈그림 8〉 교육목표 설정의 기준

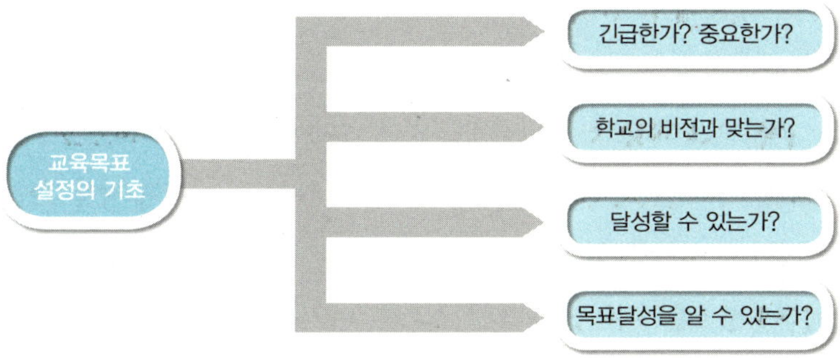

교육목표 설정의 기초
- 긴급한가? 중요한가?
- 학교의 비전과 맞는가?
- 달성할 수 있는가?
- 목표달성을 알 수 있는가?

성취가능성

교회교육의 목표는 성취할 수 있는 것이어야 한다. '목표'와 비교되는 개념은 '이념'이다. '이념'은 방향만을 제시해줄 뿐이며 '목표'와는 달리 성취할 수 있는 것이 아니다. 그러나 우리가 목표로 정해놓은 것이 성취하기 어렵다면 아무도 최선의 노력을 기울이지 않을 것이다. 성취가능성이 있는 목표일 때 학습자들은 그것을 이루고자 한다. 그러므로 학습자들의 동기를 유발시키기 위해서는 성취할 수 있는 목표를 세워야 한다. 목표를 세울 때는 ①그 목표는 성취 가능한 것인가? ②그 목표를 성취하지 못하였을 때 오는 결과는 무엇인가? ③그 목표를 달성하는 데 필요한 노력을 학습자들이 과연 할 것인가?를 생각해야 한다.

성취를 위한 목표는 점진성을 가져야 한다. 곧 하나의 목표는 다음 목표를 위한 징검다리가 되어야 한다. 점진성을 가진 목표는 다음 목표를 설정하는 데 도움이 된다. 다음 목표를 향하여 나아가지 않는다면 학습자들로 하여금 노력하게 할 수 없다. 그러므로 하나의 목표를 성취하면 다음 목표로 전진해나가야 한다. 이러한 점진적인 교회교육의 목표만이 학습 동기를 불러일으켜 높은 결과를 얻게 한다.

판단가능성

교회교육의 목표 중에는 그 성취 여부를 쉽게 판단할 수 있는 것도 있고 그렇지 못한 것도 있다. 예를 들면, 수치와 관련된 목표는 성취 여부를 판단하기 쉽다. 그러므로 교회학교 교사가 이러한 수치에 관한 목표를 정하면 성취를 위한 동기 유발을 일으키기 쉽다. 이러한 목표의 약점은 성취하였을 때는 긍정적인 효과를 가져올 수 있지만 성취하지 못했을 때는 부정적인 효과를 준다는 점이다.

반면에 성취 여부를 판단할 수 없는 목표는 설정하기도 어렵고 또한 성취 여부를 판단하기도 어렵다. 그래서 이렇게 판단할 수 없는 교회교육의 목표는 가능한 설정하지 않으려 하지만 이러한 것들 중에 중요한 것이 많다. 그 하나의 예가 영적 성숙이라는 교회교육의 목표이다. 그러므로 교사는 학습자들에게 성취 여부를 쉽게 판단할 수 있는 목표와 성취 여부를 쉽게 판단할 수 없는 목표를 함께 제시하는 것이 효과적이다.

교회학교에서 학급의 정원, 출석수 등과 같은 목표는 수치에 관련된 목표이다. 교회교육에서 문제가 되는 것은 많은 교사들이 이러한 수치에만 매달린다는 점이다. 교회교육에서 중요한 것은 학습자들의 필요를 충족하는 목표를 정하는 것이다. 한 가지 예로 대부분의 교회학교에서는 학년에 따라서 반을 구성한다. 왜 그렇게 구성하는가? 나이가 비슷한 사람끼리 묶는 것이 교육하기에 도움이 되기 때문이다. 곧 그들의 능력과 욕구가 비슷하기 때문에 학습에 유익하다는 것이다. 교회학교에서 분반을 할 때 신앙 연륜에 따라 반을 구성하는 것은 어떨까? 그리고 일정한 수준의 영적 성숙을 목표로 제시하면 어떨까? 영적 수준이 비슷하기 때문에 얻을 수 있는 유익도 많을 것이다.

목표의 내용

목표의 내용은 성격에 따라 보편적 내용과 구체적 내용으로 나눌 수 있다. 먼저 보편적 내용을 살펴보자.

보편적 내용

교회교육에서는 하나님의 뜻을 깨닫는 것을 목표로 삼아야 한다. 이는 보편적이요, 일반적인 목표다. 교회교육을 행하는 교사는 학습자들이 이러한 깨달음을 통하여 그리스도인의 삶의 가치와 이유를 알게 하고 영적인 삶에 변화가 일어나도록 해야 한다. 이때 교사들이 가져야 할 목표의 보편적 내용을 먼저 생각해보자.

그리스도를 닮게 함

교회교육의 목표는 학습자들이 '그리스도를 닮아가게 하는 것'이다. 바울 사도는 고린도 성도들에게 "내가 그리스도를 본받는 자가 된 것 같이 너희는 나를 본받는 자가 되라"(고전 11:1)고 하였다. 이는 그리스도를 닮는 것이 그리스도인의 삶의 목표임을 뜻한다. 교사가 그리스도를 닮아가는 것이 중요한 것처럼 학습자들이 그리스도를 닮아가게 하는 것도 중요하다. 이것이 교사의 목표가 되고 교회교육의 목표가 된다.

이러한 목표를 이루기 위해서는 먼저 학습자들이 그리스도를 닮아갈 때 방해가 되는 요소들을 제거해야 한다. 그 방해 요소로는 다음의 것들을 들 수 있다.

첫째, 교재 내용 전달 중심의 교수이다. 많은 교사들이 공과를 열심히 연구하거나 주석 책을 참고하여 가르칠 공과 내용을 준비한다. 이는 교회학교 교육에서 교재 내용 전달이 중요하기 때문이다. 그러나 교사가 공과 내용 전달에만 몰두하면 잘못될 수 있다. 공과 내용 전달만 강조하면 영적인 성장보다 지식 전달에만 집중하게 되기 때문이다.

둘째, 교사 중심 교수이다. 교사가 자신이 해야 할 일에 집중하는 것은 당연하다. 어떻게 시작하며, 어느 구절을 설명해야 하는지, 무슨 질문을 해야 하는지, 무슨 숙제를 줄 것인지, 어떻게 설명할 것인지, 어떻게 성경말씀대로 살도록 자극할 것인지 등을 세밀히 준비해야 한다. 그러나 교사는 자기중심적 생각을 넘어서서 학습자 중심적 생각을 해야 한다. 공부를 진행할 때 학습자들은 무엇을 생각해야 하는지, 그들은 어느 구절에 대한 설명을 원하는지, 어떤 질문을 해야 그들의 이해 여부를 알 수 있는지, 어떤 숙제를 줘야 그들이 성경 원리를 삶에 적용할 수 있는지를 생각해야 한다.

셋째, 개인의견 중심 교수이다. 교사 중심에서 학습자 중심으로 옮겨 가기 위해서는 질문을 하고, 성경을 찾기 위해서는 소그룹으로 모여야 하며, 간증과 개인 경험을 유도함으로써 학습자들의 참여를 부추겨야 한다. 그러나 이때 생각해야 할 것은 질문에 대한 답이 성경적이어야 하고, 소그룹 학습도 성경적 관점이라야 하며, 개인 경험도 말씀에 비춰보아야 한다는 것이다. 그렇지 않으면 성경공부가 개인의 의견을 말하는 시간이 될 수 있기 때문이다. 자칫하면 하나님의 말씀보다 그룹의 의견이 더 많은 영향을 끼치게 된다. 성경 본문의 의미에만 지나치게 집중하거나 아니면 교사의 개인 의견에 지나치게 집중해도 학습자들의 영적 성장을 방해할 수 있다. 그리고 학습자들의 생각에만 집중해도 영적 성장을 방해할 수 있다.

어떻게 하면 학습자들이 예수 그리스도 안에서 성장할 수 있을까? 어떻게 하면 학습자들이 그리스도를 닮아갈 수 있을까? 그리스도를 닮아가도록 하기 위해서는 교육 활동이 인지적 요소, 정의적 요소, 의지적 요소를 고르게 포함해야 한다. 이 요소들이 나타내는 것은 각기 다르다.

첫째, 인지적 요소는 삶의 이성적인 면을 나타낸다. 디모데후서 2장 15절에서 바울은 "너는 진리의 말씀을 옳게 분별하며"라고 하였는데 여기서 '말씀을 분별하는 것'은 인지적인 요소이다. 학습자들이 주 안에서 성숙하기 위해서는 이성적 지식을 가져야 한다. 그들은 성경의 의미를 알아야 하고, 그 말씀을 삶에 적용할 줄 알아야 한다. 하나님의 말씀의 의미를 알고 삶에 적용할 때 비로소 학습자들은 그리스도 안에서 자랄 수 있다(엡 4:15).

둘째, 정의적 요소는 삶의 정서적, 감정적 면을 나타낸다. 인지적 요소가 이성에 비유된다면 정의적 요소는 마음에 비유된다. 실제로 성경에서의 마음은 지정의 3요소 모두를 지칭하기도 하고 정의적인 요소만을 지칭하기도 한다. 그 예로서 "마음의 즐거움은 얼굴을 빛나게 하여도 마음의 근심은 심령을 상하게 하느니라"(잠 15:13)에서 마음은 즐거움이나 근심을 드러내는 감정을 뜻한다. 그러므로 학습자들이 주 안에서 성숙하게 하려면 그들로 하여금 성경진리를 자신의 것으로 만들 수 있도록 도와주어야 한다. 그렇게 해야만 그리스도 안에서 자랄 수 있다.

셋째, 의지적 요소는 삶의 행동이나 행위의 면을 나타낸다. 우리는 머리로 안다고 해서 그대로 행하는 것은 아니다. 사람은 행함을 통하여 자신이 어떤 사람인지를 드러낸다. 예수님께서는 "거짓 선지자들을 삼가라 양의 옷을 입고 너희에게 나아오나 속에는 노략질하는 이리라 그들의 열매로 그들을 알지니 가시나무에서 포도를 또는 엉겅퀴에서 무화과를 따겠느냐 이와 같이 좋은 나무마다 아름다운 열매를 맺고 못된 나무가 나쁜 열매를 맺나니"(마 7:15-17)라고 하셨고 또한 "나무도 좋고 열매도 좋다 하든지 나무도 좋지 않고 열매도 좋지 않다 하든지 하라 그 열매로 나무를 아느니라"(마 12:33)고 하셨다.

예수님은 "그러므로 누구든지 나의 이 말을 듣고 행하는 자는 그 집을 반석 위에 지은 지혜로운 사람 같으리니 비가 내리고 창수가 나고 바람이 불어 그 집에 부딪치되 무너지지 아니하나니 이는 주추를 반석 위에 놓은 까닭이요 나의 이 말을 듣고 행하지 아니하는 자는 그 집을 모래 위에 지은 어리석은 사람 같으리니 비가 내리고 창수가 나고 바람이 불어 그 집에 부딪치매 무너져 그 무너짐이 심하니라"(마 7:24-27)고 하신 구절로 행함을 강조하셨다. 그러므로 교회교육의 목표는 학습자들을 "온전하게 하여 봉사의 일을 하게 하며 그리스도의 몸을 세우게"(엡 4:12) 함으로써 올바르게 생각하고, 헌신하고, 섬기며 살게 하는 것이어야 한다.

예수님의 제자 되게 함

예수님께서는 "나를 따라오라 내가 너희를 사람을 낚는 어부가 되게 하리라"(마 4:19) 하셨다. 이는 예수님의 명령이요 교회학교 교사들에게 주신 사명이기도 하다. 교사의 이러한 사명은 2천 년 전이나 지금이나 동일하다. 예수님의 말씀이 변치 않는 것처럼 교사의 사명도 변치 않는다. 학습자들이 예수님의 제자가 되게 하는 교사의 사명은 곧 교회교육의 목표이기도 하다.

예수님은 "제자를 삼으라"(마 28:19)고 말씀하신다. 이는 학습자들을 그리스도의 제자로 삼으라는 명령이요, 사명이다. 제자를 삼기 위해서는 세 가지의 구체적인 사역이 있는데 그것은 '가서', '세례를 주고', '가르쳐 지키게 하라'는 것이다. 이 세 가지 사역 중에서 세 번째인 '가르쳐 지키게 하라'는 교사가 실천해야 할 사역이다.

바울 사도가 에베소서 4장 12절에서 "성도를 온전하게 하여"라고 한 말은 성도들을 진리로 그리고 말씀으로 무장시키며 준비시키라는 뜻이다. 마태도 이와 같은 단어를 사용하였는데 마태복음 4장 21절의 '깁다'라는 단어이다. 그리고 바울이 갈라디아 성도들에게 보내는 서신(갈 6:1)에서 말한 '바로잡다'라는 말도 같은 단어이다. 이러한 구절들에서 볼 때 교사의 긴급하고 중요한 사역은 학습자들을 예수님의 '제자'로 삼는 일인데 이는 성도를 온전하게 하는 일 곧 부족한 것을 채워주는 일이며, 삐뚤어진 것을 바로잡아주는 일을 포함한다.

헌신하게 함

교회교육의 목표는 학습자들이 그리스도인으로서 헌신하게 하는 것이다. 헌신하는 그리스도인이 되게 하기 위해서는 다음 몇 단계의 사역이 필요하다.

첫째, 교회학교는 설교와 교육을 통하여 학습자들로 하여금 헌신하게 할 수 있다. 그리스도인으로서 헌신한다는 것은 신앙적 책임감이 있고, 하나님의 뜻에 충성하며, 성경 말씀을 따라 사는 사람이 되는 것을 말한다. 교회교육은 학습자들로 하여금 하나님의 뜻을 알게 하고 설교를 통하여 회개와 확신을 갖게 하여 헌신하게 한다.

현대 사회에서 기독교가 영향을 끼치지 못하는 이유는 무엇일까? 그것은 교회 명부에 이름을 둔 교인은 많으나 예수님의 제자가 된 성도는 적기 때문이다. 헌신하는 그리스도인이 적은 이유는 무엇인가? 말씀 선포와 교육이 약하기 때문이다. 그러므로 학습자들을 헌신하는 그리스도인으로 양육하려면 교사가 먼저 말씀과 교육에 헌신하는 그리스도인이 되어야 한다.

둘째, 교회교육을 통하여 학습자들을 헌신하게 할 수 있다. 그러기 위해서는 교회교육을 행하는 교사가 먼저 말씀으로 돌아가야 한다. 곧 성경을 사모하여 성경을 읽고, 연구할 때 교사는 더욱 헌신하게 된다. 이렇게 교사가 헌신의 본을 보임으로 학습자들은 성경을 사모하게 된다. 교사가 헌신의 본이 되고 또한 본을 보일 수 있는 것은 성령의 역사 때문이다. 곧 성령께서 교사의 마음속에 역사하심으로 헌신하게 된다.

헌신하는 교사라야 헌신하는 그리스도인을 양육하는 교회교육을 할 수 있다. 헌신하는 교사는 성령께서 학습자들의 마음속에서 역사하시도록 기도할 뿐 아니라 가르침과 삶을 통하여 모범을 보이기 때문이다. 사람은 들음을 통하여 배우는 것보다 봄으로써 배우는 것이 더 많다. 이렇게 교사의 모본과 성령의 역사가 함께할 때 학습자들은 헌신하게 된다. 요약하면 다음 〈그림 9〉와 같다.

〈그림 9〉 교회교육의 일반적 목표

구체적 내용

교회교육이 성취하려는 목표는 학습자들의 영적 성장이다. 교회교육을 통하여 이룰 수 있는 구체적인 내용은 인지적 측면과 실천적 측면으로 나뉜다.

인지적 측면

교회교육을 통하여 학습자들이 인지적 측면에서 성장을 이루게 하기 위해서는 다음과 같은 것에 힘써야 한다.

첫째, 그들을 하나님의 말씀으로 무장시켜야 한다. 교회교육은 학습자들로 하여금 하나님의 사람이 되게 하는 것이다. 디모데후서 2장 15절에서 바울이 디모데에게 "진리의 말씀을 옳게 분별하며 부끄러울 것이 없는 일꾼으로 인정된 자로 자신을 하나님 앞에 드리기를 힘쓰라"고 권한 것처럼 교사는 학습자들을 권하여 말씀으로 무장시켜야 한다.

둘째, 학습자들을 성령으로 충만하게 해야 한다. 에베소서 5장 18절에서 바울은 성도들에게 "오직 성령으로 충만함을 받으라"고 하였다. '성령의 충만을 받는다'는 것은 성령께서 지속적으로 우리의 말을 주장하고, 우리의 생각을 주장하여 우리의 삶 전체를 주장하시게 하는 것을 말한다.

셋째, 그들의 삶이 균형을 이루게 해야 한다. 바울은 에베소 성도들에게 "너희가 부르심을 받은 일에 합당하게 행하라"(4:1), 빌립보서 1장 27절에서는 "오직 너희는 그리스도의 복음에 합당하게 생활하라"고 하였다. 여기서 말하는 '합당하다'라는 단어의 의미는 성도들이 살아야 할 기준을 말한다. 학습자들이 '합당하게' 생활하게 하기 위해서는 그들에게 요구되는 기준이 무엇인지를 알아야 한다. 그러므로 교회교육은 학습자들에게 '합당한 생활'이 아니라 '합당한 생활이 무엇인지'를 알 수 있도록 가르쳐야 한다.

교회교육은 학습자들이 인지적 측면에서 성장하되 가치 있는 지식으로 성장하게 해야 한다. 가치 있는 지식을 갖게 하려면 먼저 가치 있는 지식이 무엇인지를 알아야 한다. 또한 어디에서 가치 있는 지식을 찾을 수 있는가에 대해서도 알아야 한다. 가치 있는 지식에 대한 판단은 교육지도자의 목표에 따라 달라진다. 이러한 목표는 같은 교회학교 안에서도 교사에 따라 다를 수 있다. 그리스도인은 성경을 최고의 가치로 여긴다. 그러므로 학습자들이 가치 있는 지식을 갖게 하기 위해서 교사들은 성경 각 권의 개요와 가르치는 구절에 대한 지식을 가져야 한다.

성경의 개요를 통하여 성경을 이해하고 이러한 성경 전체에 관한 지식을 토대로 하여 해석법을 배울 때 교회학교 교사는 성경을 바르게 이해하게 된다. 성경 이해를 위하여 제시할 수 있는 기본적인 성경 해석의 원리는 다음과 같다.

① 성경은 역사적 환경에서 나온 것이므로 성경 역사의 관점에서만 이해된다. 그러므로 성경 구절을 연구할 때 다음과 같은 질문들이 도움이 된다. (ㄱ)이 책의 수신자는 누구인가? 그들의 관심과 형편은 어떠한가?

㈀ 저자의 배경은 무엇인가? ㈁ 저술 동기는 무엇인가? ㈂ 책의 주된 인물은 누구인가?

② 성경에서 하나님의 계시는 점진적이지만, 구약과 신약은 하나님의 계시의 핵심이며 일관성, 일체성, 통일성을 가지고 있다. 구약은 신약을 바르게 해석하도록 돕는다. 곧 구약의 창조, 타락 등과 같은 사건들에 대하여 잘 알지 못하면, 신약을 이해하는 데 어려움을 갖게 된다. 요한복음 3장 14절에서 "모세가 광야에서 뱀을 든 것 같이 인자도 들려야 하리니"라고 하신 말씀은 민수기 21장의 이스라엘 백성들이 불뱀에 물렸을 때 놋뱀을 만들어 장대에 달아 그것을 쳐다보는 자는 죽지 않고 낫게 된 사건을 알고 있을 때 이해가 된다. 또한 신약은 구약에서 일어난 일들의 목적을 설명해주는데 히브리서가 좋은 실례가 된다. 곧 히브리서는 구약의 성막, 제사, 희생 제도 등의 목적과 의미를 설명해준다.

구원의 문제에 대해서는 구약과 신약이 모두 같다. 구약에서는 '오실' 그리스도(메시야)를 믿음으로 구원을 얻고, 신약에서는 '오신' 그리스도를 믿음으로 구원받는다(요 14:6). 구원의 방법과 내용은 역사가 진행됨에 따라 점진적으로 명확해져간다. 그리스도에 대해서는 이사야가 아담보다 더 잘 이해하였으나 현대의 성도만큼은 이해하지 못하였다.

구약의 어떤 법들은 취소되었는데 그 이유는 그리스도 안에서 이미 실현되었기 때문이다. 그 예로는 동물 희생을 드리는 것이다. 그리스도께서 자신을 드림으로 더 이상 동물 희생은 드릴 필요가 없게 되었다. 히브리서 10장 4절에서 "이는 황소와 염소의 피가 능히 죄를 없이 하지 못함이라"고 한 것은 이를 말해준다.

③ 역사적 사실이나 사건은 성경에 명시적일 때에만 영적 진리의 상징이 된다. 바울은 고린도전서 10장 1~4절 "형제들아 나는 너희가 알지

못하기를 원하지 아니하노니 우리 조상들이 다 구름 아래에 있고 바다 가운데로 지나며 모세에게 속하여 다 구름과 바다에서 세례를 받고 다 같은 신령한 음식을 먹으며 다 같은 신령한 음료를 마셨으니 이는 그들을 따르는 신령한 반석으로부터 마셨으매 그 반석은 곧 그리스도시라"에서 이스라엘 백성이 홍해를 건넌 것(출 14:22)을 세례로 상징하고 있다. 그리고 광야에서 이스라엘 민족에게 물을 내준 반석(민 20:11)은 그리스도의 표상이었다. 신약은 구약의 역사적 사건으로부터 영적 진리를 많이 빌리고 있다. 성경을 해석할 때 바울보다 앞서 나가는 것은 그 구절의 문자적 의미를 벗어나는 것이 된다. 즉, 홍해는 그리스도의 구속하시는 피를 상징한다고 해석하는 것은 적절하지 못하다.

교회교육의 주체자인 교사는 이같이 성경에 대한 개략적인 지식이 필요하다. 그러면 학습자들에게 무엇이 가장 가치 있는 지식인가? 베드로가 말한 "우리 주 곧 구주 예수 그리스도의 은혜와 그를 아는 지식에서 자라가라"(벧후 3:18)는 구절에서 생각한다면 가장 가치 있는 지식은 '우리 주 되신 구주 예수 그리스도를 아는 것'이다. 성경 지식의 전수를 강조하는 근거로는 히브리서 4장 12절이 적절하다. "하나님의 말씀은 살아 있고 활력이 있어 좌우에 날선 어떤 검보다도 예리하여 혼과 영과 및 관절과 골수를 찔러 쪼개기까지 하며 또 마음의 생각과 뜻을 판단하나니". 교사가 교회교육에서 성경 지식의 전수를 강조해야 하는 것은 하나님의 말씀이 있는 곳에 변화와 역사가 일어나기 때문이다.

이러한 변화는 가르치는 사람이 효과적으로 가르쳤기 때문이라기보다 '하나님의 말씀 자체가 내포하고 있는 능력' 때문이라고 말하는 것이 더 옳다. 물론 교사가 좀 더 이해하기 쉽고 재미있게 가르침으로써 좀 더 효율적으로 교육할 수는 있다. 그러나 이러한 효율성은 효과적인 교회교육의 이차적인 요인이지 일차적인 요인은 되지 못한다. 사도 바울은 고린도교회 성도들에게 쓴 편지에서 "나는 심었고 아볼로는 물을 주었으되 오직 하나님께서 자라나게 하셨나니 그런즉 심는 이나 물 주는 이는 아무것도 아니로되 오직 자라게 하시는 이는 하나님뿐이니라"(고전 3:6-7)고 하였다. 이 말씀이 의미하는 것은 교회교육에서는 가르치는 교사의 방법도 중요하나 더 중요한 것은 하나님의 역사 또는 하나님의 말씀의 역사가 더 중요하다는 것이다.

여기서 강조되어야 할 것은 무엇이 핵심적인 것이며 무엇이 부차적인 것인가를 구별해야 한다는 점이다. 핵심적인 것은 효과성과 관련이 있고 부차적인 것은 효율성과 관계가 있다. '효과'라고 하는 것은 "해야 할 '바로 그것'을 하는 것"과 관계가 있으며 '효율'이라고 하는 것은 "해야 할 것을 '바르게' 하는 것"과 관계가 있다. 효율보다 효과가 앞서야 하는 것처럼 교회교육은 효율적인 것보다는 어떻게 효과적으로 성경공부를 시켜야 할 것인가에 관심을 가져야 한다. 곧 교회교육에서는 능력 그 자체인 하나님의 말씀에 대한 지식이 다른 무엇보다 선행되어야 한다. 디모데후서 3장 15절 "또 어려서부터 성경을 알았나니"라는 구절에서 '알았나니'는 성경에 대한 지식을 가리킨다. 왜냐하면 유대인들은 자녀들이 5세가 되면 "네 자녀에게 부지런히 가르치며 집에 앉았을 때에든지 길을 갈 때에든지 누워 있을 때에든지 일어날 때에든지 이 말씀을 강론"(신 6:7)하였는데 이 말은 구약의 율법들에 대한 지식을 자녀들에게 가르침을 의미한다. 이스라엘 백성들은 이렇게 어렸을 때부터 하나님의 말씀에 대한 지식을 가르침으로 자녀들이 평생 동안 말씀을 떠나지 않고 하나님을 경외하며 살게 하였다(잠 22:6). 마찬가지로 현 시대에서도 그리스도인들이 하나님의 도를 떠나지 않고 말씀 안에서 살게 하려면 교회교육은 먼저 하나님의 말씀이 무엇을 말하고 있는지 곧 말씀에 대한 지식을 학습자들에게 가르쳐야 한다.

실천적 측면

교회교육을 통하여 학습자들에게 하나님의 말씀을 가르치는 것이나 학습자들이 말씀을 교실에서 배우는 것과 같은 인지적 측면에서 성장하게 하는 것은 쉬운 편이다. 참으로 어려운 것은 학습자들이 가정과 학교에서 말씀대로 사는 것을 배우는 실천적 측면에서의 변화 곧 성숙이다. 성숙과 같은 실천적 측면에서의 변화가 어려운 것은 가정과 학교에서는 말과 행동이 그대로 드러나기 때문이다. 그래서 교회교육은 그 목표를 학습자들이 지식을 실천하는 산 지식으로 성숙하게 하는 것에 두어야 한다.

사도 바울은 교회교육이 추구해야 할 목표를 빌립보서 3장 13~14절에서 제시하였다. "형제들아 나는 아직 내가 잡은 줄로 여기지 아니하고 오직 한 일 즉 뒤에 있는 것은 잊어버리고 앞에 있는 것을 잡으려고 푯대를 향하여 그리스도 예수 안에서 하나님이 위에서 부르신 부름의 상을 위하여 달려가노라." 여기서 '달려가다'라는 단어는 실천적 삶의 성숙을 의미한다. 이러한 실천적 삶의 성숙을 위해서 교사는 다음과 같은 노력이 필요하다. ① 성경과 그에 관계된 책들을 많이 읽어야 한다. ② 성경교사로서의 자질을 향상시켜야 한다. 이를 위해서 교사는 교회, 노회, 총회 그리고 기타 기독교교육 기관에서 시행하는 세미나 등에 참석하여 교사로서의 경쟁력과 자질을 향상시켜야 한다. ③ 개인적인 연구를 해야 한다. 개인적인 연구는 많은 시간과 인내를 필요로 한다. 바울은 고린도교회 성도들에게 "그러므로 내 사랑하는 형제들아 견실하며 흔들리지 말고 항상 주의 일에 더욱 힘쓰는 자들이 되라 이는 너희 수고가 주 안에서 헛되지 않은 줄 앎이라"(고전 15:58)고 권하였다. 여러 힘든 환경 가운데서도 교사는 자신의 삶의 성숙을 위하여 말씀을 연구해야 한다.

교회교육 현장에서 사역하는 교사는 학습자들의 성숙을 위하여 어떻게 인도해야 하는가? ①그들로 하여금 성경 말씀을 공부함으로써 하나님의 뜻을 알게 한다. ②그들로 하여금 예수 그리스도를 개인의 구세주로 고백하게 한다. ③그들로 하여금 예수님을 믿는 사람으로서 사회 생활 가운데서 빛과 소금의 직분을 잘 감당하는 그리스도인이 되게 해야 한다.

그렇다면 교회교육은 학습자들의 회심을 그 목표로 해야 하는가? 아니면 영적 성숙을 목표로 해야 하는가? 아니면 하나님께 영광을 돌리게 함을 목표로 해야 하는가? 사람들 특히 그리스도인들의 궁극적인 목적은 하나님을 영화롭게 하는 것이다. 바울 사도가 로마서 11장 36절에서 말한 대로 그리스도인의 삶의 목적은 하나님의 영광을 드러내는 것이다. "이는 만물이 주에게서 나오고 주로 말미암고 주에게로 돌아감이라 그에게 영광이 세세에 있을지어다 아멘". 장로교회의 신앙고백인 웨스트민스터 신앙고백 제1문도 "사람의 제일 되는 목적이 무엇인가?"라고 묻는데 그에 대하여 "하나님을 영화롭게 하는 것입니다"라고 대답한다. 하나님을 영화롭게 하고 하나님께 영광을 돌리는 것이 곧 개혁주의 교회교육의 목표이다.

제6장
교회교육과 교사

바울은 고린도전서 11장 1절에서 "내가 그리스도를 본받는 자가 된 것 같이 너희는 나를 본받는 자가 되라"고 말한다. 성경의 어떤 인물을 제시하며 그를 본받으라고 하는 것은 어렵지 않다. 그러나 학생들에게 "교사인 나를 본받으라"고 말하는 것은 쉽지 않을 것이다. 얼마나 많은 교사들이 이러한 말을 할 수 있을까? 그러나 바울 사도는 우리에게 자신을 본받으라고 말한다. 자격이 있는 교사인 바울에게서 교사상의 모습을 찾아보자.

제6장

교회교육과 교사

교회와 교회학교는 교사들에게 무엇을 기대하고 있을까? 즉, 교회학교 학생들에게 무엇을 가르치고 어떤 사람이 되도록 가르치기를 기대할까? 장년 성도들이 교회학교 교사들에게 요구하고 기대하는 것은 무엇이며, 담임목회자는 교회학교 교사들에게 무엇을 기대하여 그들을 교사로 임명하였을까? 이러한 질문에는 다음과 같은 대답들이 예상된다.

첫째, 말씀에 대한 지식을 전수하기를 기대한다. 물론 말씀에 대한 지식전수가 유일한 기대는 아닐 것이다. 그 이유는 교회학교 교사를 포함한 모든 교사는 교수내용을 가르치기보다 사람을 가르쳐야 하기 때문이다. 그러므로 성경지식 전수는 교사에 대한 기대 중 하나에 불과하다. 따라서 교회교육에서는 가르치는 내용을 담은 교재가 어떤 교재인가 하는 것보다 가르치는 사람이 어떤 사람인가 하는 것이 더 중요하다.

둘째, 예수님께서 주신 권위를 가진 사람이기를 기대한다. 예전의 말에도 군사부(君師父)일체라는 말이 있다. 교사는 왕과 부모와 같은 존경과 권위를 가진다는 말이다. 따라서 학교나 교회학교 교사는 부모의 대리인이 된다. 구약시대에는 부모가 자녀들을 가르쳤다. 그러나 지금은 부모가 자녀들을 가르치지 못한다. 그 이유는 다음과 같다. ① 교육내용이 전문화되었기 때문이다. ② 부모들이 바빠서 가르칠 시간이 없기 때문이다. ③ 부모는 자신의 자녀들을 가르치기가 어렵기 때문 이다.

셋째, 하나님의 사람이기를 기대한다. 교회학교 교사는 일반지식이 아니라 하나님의 말씀인 성경을 가르치는 사람이다. 또한 지식을 가르치는 것을 넘어서서 신앙을 지도하고 영적 성숙으로 인도하는 사람이다. 그래서 지식만을 소유한 지식인이 아니라 영적인 사람이기를 기대한다.

넷째, 가르치는 방법을 잘 아는 사람이기를 기대한다. 중세에 이르기까지 교육에 대한 관심은 주로 전수하는 내용에 있었다. 그러나 근세에 들어 어린이에 대한 이해가 새로워짐을 계기로 아동 중심의 교육을 하게 되어 자연히 교육방법에 관심이 집중되었다. 이러한 교육방법에 대한 관심의 결과로 말미암아 20세기는 발달이론의 세기라고 할 만큼 다양한 영역에서 발달이론에 대한 관심과 정립이 이루어졌다.

20세기에 제시된 몇 가지 대표적인 발달이론은 다음과 같다.

① 인지발달이론이다. 스위스의 생물학자이며 심리학자인 피아제(J. Piaget, 1896-1980)는 구조주의 이론가로서 아이들의 사고가 어른들의 사고와 다른 것은 사람의 인지능력의 발달에 따른 것이라는 데 착안하여 인지발달이론을 제시하였다.

② 도덕성발달이론이다. 피아제가 인지능력에 관심을 가지고 연구한 것과 비슷하게 콜버그(L. Kohlberg, 1927-1987)는 20년간의 연구조사를 통하여 도덕성발달을 설명하는 구조적 발달이론을 제시하였다. 심리학 분야에서의 이러한 발달이론들은 20세기에 교육 분야의 발달이론에 큰 영향을 미

쳤다.

③ 사회성발달이론이다. 에릭슨(E. Erikson, 1902-1994)은 인간발달에 대한 통전적 이론을 개발하였는데 그는 인간 본성에 대하여 매우 낙천적이며 인간발달을 넓은 사회적 상황 속에서 바라보며, 개인을 희생자 역할의 주인공에서 책임있는 자아로 전환한다. 그의 이론은 상호작용에 대하여 강조한다.

④ 신앙발달이론이다. 1981년 파울러(J. Fowler, 1940-)는 「신앙의 단계」라는 저서의 출판을 통하여 심리학과 교육의 관심분야인 발달이론을 종교에 적용하여 신앙발달의 이론으로 정착시켰을 뿐 아니라 신앙발달이론을 기독교교육 분야에서도 관심분야로 만들었다.

교육적인 인식과 관심에 따라 20세기 기독교교육의 많은 자료들은 발달이론에 근거한 연령별 학습의 형태를 띠고 있다. 그러나 이러한 발달이론의 핵심원리와 적용은 20세기에 처음 도입된 것이 아니라 지금부터 2~3천 년 전 성경시대에 이미 깨달은 바 되어 여러 성경구절들에 함의되어 있다. 다음의 여러 성경구절들은 그 실례들이다.

① 고린도전서 13장 11절이다. 바울 사도는 고린도 성도들에게 "내가 어렸을 때에는 말하는 것이 어린아이와 같고 깨닫는 것이 어린아이와 같고 생각하는 것이 어린아이와 같다가 장성한 사람이 되어서는 어린아이의 일을 버렸노라"고 말한다. 이 구절은 인간이 생물학적인 연령에 따라 인지능력의 발달에 차이가 있음을 말한다. 즉, 아이였을 때의 사고능력과 어른이 되었을 때의 사고능력에는 차이가 있다. 따라서 교회교육도 그 대상의 인지능력에 따라 다르게 접근해야 함을 의미한다.

② 고린도전서 3장 1하~2절이다. 바울은 다시 고린도 성도들에게 "그리스도 안에서 어린아이들을 대함과 같이 하노라 내가 너희를 젖으로 먹

이고 밥으로 아니하였노니 이는 너희가 감당하지 못하였음이거니와 지금도 못하리라"고 말한다. 이 구절은 인간의 능력에 개인차가 있음을 말하며 그 발달수준에 따라 다르게 교육해야 할 것을 말한다.

③ 에베소서 4장 13절이다. 바울이 에베소 성도들에게 "우리가 다 하나님의 아들을 믿는 것과 아는 일에 하나가 되어 온전한 사람을 이루어 그리스도의 장성한 분량이 충만한 데까지 이르리니"라고 말한 것은 인간은 연령에 따라서 신앙과 인지의 발달수준에 차이가 있음을 함의하고 있다.

④ 잠언 22장 6절이다. 솔로몬은 올바른 삶에 대하여 권면하면서 "마땅히 행할 길을 아이에게 가르치라 그리하면 늙어도 그것을 떠나지 아니하리라"고 말한다. 이 구절은 "그의 본질에 따라 아이를 키우라"는 의미다. 이 구절이 의미하는 것은 (ㄱ)사람은 그 연령에 따라 본질이 달라짐을 의미하며 (ㄴ)그 연령의 특성에 맞추어서 교육해야 함을 의미하는 것이다. 델리취는 그들의 구약주석에서 이 구절을 "그에게 맞도록 아이를 가르치라"로 해석한다. 즉 아이들에게 부과되는 교육 또는 교육방식은 아이들의 본성에 맞아야 한다는 것과 그러한 교육과 교육방법이 그들의 인지적·신체적 발달수준과 부합할 때 교육은 효과를 나타낼 수 있음을 의미한다.

위의 발달과 관계된 구절들이 공통적으로 의미하는 것은 어린아이의 이해능력은 어른과는 다르다는 것이다. 그뿐 아니라 교육의 효과를 위해서는 연령별 특성에 따라 가르쳐야 함을 뜻한다. 아래에서 먼저 교회교육의 교사에 대하여 생각해보자.

교회교육과 교사

교사의 본질과 임무는 교사상(像)에서 나온다. 교회학교 교사상의 원형은 예수님과 바울이다. 여기에서는 바울을 통하여 교사상을 그리고 교사상에서 교사의 본질을 찾아보자. 바울은 고린도전서 11장 1절에서 "내가 그리스도를 본받는 자가 된 것 같이 너희는 나를 본받는 자가 되라"고 말한다. 성경의 어떤 인물을 제시하며 그를 본받으라고 하는 것은 어렵지 않다. 그러나 학생들에게 "교사인 나를 본받으라"고 말하는 것은 쉽지 않을 것이다. 얼마나 많은 교사들이 이러한 말을 할 수 있을까? 그러나 바울 사도는 우리에게 자신을 본받으라고 말한다. 자격이 있는 교사인 바울에게서 교사상의 모습을 찾아보자.

교회학교 교사상

교사상이란 교사의 모습이다. 내가 속한 교회의 교회학교 교사를 생각할 때 어떤 모습이 떠오르는가? 나는 교회학교 교사들에게 어떤 모습을 기대하는가? 이러한 질문들은 교회학교 교사상을 통하여 대답을 얻을 수 있다. 교회교육을 실천하는 교사상은 다음과 같다.

첫째, 하나님의 일에 '헌신하는' 사람이다. '헌신한다'는 것은 마음과 정성을 다하는 것이다. 올림픽대회에 출전하는 선수들은 시합이 있기 1~2년 전부터 메달을 따기 위해 헌신적으로 준비한다. 프로 운동선수들은 경기시즌 동안에는 모든 것을 제쳐두고 운동시합에만 전념한다. 세상의 운동을 하는 선수들도 이러함을 생각한다면 교회학교 교사들은 더욱 헌신하는 사람이 되어야 한다. 그러면 교회학교 교사들은 어떠해야 하는가? 교사는 하나님의 부르심을 받은 소명자로서 헌신하는 사람이 되어야 한다.

둘째, 학습자들을 사랑하는 사람이다. 일반학교에서도 교사에게 기대하는 최고의 성품은 학습자를 사랑하는 것이다. 기독교의 핵심은 사랑이다. 특히 교회학교 교사는 학생들에게 그리스도의 사랑을 드러내는 사람이어야 한다. 자신을 희생하는 사랑은 자신을 변화시킬 뿐 아니라 학생들을 변화시킨다. 참 사랑은 다른 사람으로부터 받는 것이 아니라 다른 사람에게 주는 것이다. 조건 없는 희생과 사랑의 사람이 교회학교 교사상이다.

셋째, 가르치는 은사를 지속적으로 개발하는 사람이다. 교회학교 교사는 가르치는 은사가 있어야 한다. 가르치는 은사는 타고난 것일 수도 있고 교육과 훈련을 통하여 개발된 것일 수도 있다. 하나님께서는 성도들에게 다양한 은사를 주셨는데 그 중에서 교사에게는 가르치는 은사를 주셨다. 그러므로 교회학교 교사는 하나님께서 주신 가르치는 은사를 소홀히 하지 말고 꾸준히 개발하여야 한다.

넷째, 가르침을 준비하는 사람이다. 교회학교 교사는 자기가 가르칠 내용인 성경을 준비해야 한다. 교사가 가르치는 내용을 잘 알아야 가르칠 때 교사의 마음에 확신도 가질 수 있고 듣는 학생들도 진지한 자세를 가진다. 교사는 내용과 함께 가르치는 방법에 대해서도 알아야 한다. 문학 장르에 따라 읽는 방법과 가르치는 방법이 다르기 때문이다. 성경에는 역사서, 서신, 비유, 예언 등 다양한 장르가 있다. 그러므로 성경을 잘 이해하기 위해서는 장르에 따라서 특징이 있는 교수방법을 터득해야 한다. 그리고 학생들의 연령에 따라서 인지적, 사회적, 도덕적, 영적 발달 과정이 다르므로 발달이론을 통하여 어린이들의 연령별 특징을 이해할 때 더 효과적으로 가르칠 수 있다.

참 교사는 준비를 잘하였다 할지라도 가르칠 때 성령의 도우심을 구하고 성령의 역사를 의지한다. 바울은 고린도 성도들에게 참된 교사는 성령 하나님이라고 하였다. 바울은 "그런즉 심는 이나 물 주는 이는 아무 것도 아니로되 오직 자라게 하시는 이는 하나님뿐이니라"(고전 3:7)는 구절에서 성령 하나님의 역사를 강조하고 있다. 이를 요약하면 다음 〈그림 10〉과 같다.

〈그림 10〉 교회학교 교사상

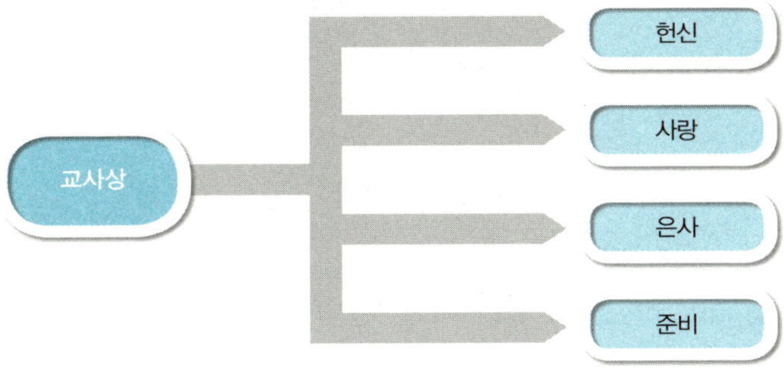

교사상 → 헌신 / 사랑 / 은사 / 준비

교사의 본질

그러면 교사의 본질은 무엇인가를 생각해보자.

(1) 교사는 진리의 사람이다.

교사를 진리의 사람이라고 말하는 것에는 몇 가지 의미가 포함되어 있다.

첫째는, 자신이 가르치는 진리 곧 성경을 교사 스스로 귀하게 여기고 사랑함을 말한다. 교사는 자신이 알고, 믿고, 가르치는 성경이 하나님의 말씀이고, 성령의 영감으로 기록된 계시이며, 오류가 없음을 믿고 그 성경을 사랑해야 한다.

둘째는, 학생들이 진리인 성경을 배우고 알고 깨닫도록 노력하는 사람임을 말한다. 학생들이 성경은 진리의 말씀이요 영생을 주는 말씀임을 확신하고 그 말씀을 깨닫도록 노력하는 사람이 교사이다.

셋째는, 학생들에게 진리인 하나님의 말씀을 가르치되 효과적이고 효율적으로 가르치는 사람이라는 뜻이다. 효과적으로 가르친다는 것은 올바른 것을 가르침을 말하고 효율적으로 가르친다는 것은 능률적으로 가르침을 말한다.

넷째는, 말과 함께 삶의 모본을 통하여 가르치는 사람임을 말한다. 삶을 통한 가르침은 말로 가르치는 것보다 더 영향력이 크다. 즉 교사는 삶을 통하여 진리를 말하는 사람 곧 증인이다. 이 '증인'이라는 단어(martys)에서 진리를 위하여 죽는 사람을 뜻하는 '순교자'(martyr)라는 단어가 유래하였다.

(2) 교사는 올바른 가치관을 지닌 사람이다.

교사는 진리가 되는 지식과 올바른 가치관을 전하는 사람이다. 교육과정은 전해야 할 가치를 지닌 지식으로 구성되어야 한다. 가치는 두 가지로 나눌 수 있다. 곧 개인이 인정하는 가치와 행동하는 가치이다. 개인이 인정하는 가치란 각자가 말과 생각으로 긍정하고 받아들이는 것을 말한다. 행동하는 가치란 행동을 일으키는 가치를 말한다. 교사는 이 두 가지 가치 모두를 가르쳐야 한다.

가치는 개인과 사회공동체 모두에게 유익한 것이라는 점에서 기독교와 휴머니즘은 생각을 같이한다. 그럼에도 불구하고 기독교 유신론과 휴머니즘 사이에는 큰 차이가 있다. 이 두 사상 사이에는 근본적인 차이점이 있는데 그 차이점 중의 하나는, 가치평가의 주체가 다르다는 점이다. 기독교에서는 가치평가의 주체가 '하나님'이시고 휴머니즘에서는 그 주체가 '인간'이다. 또한 추구하는 목적이 다르다는 점이다. 즉, 휴머니즘에서는 가치를 추구하는 목적이 인간의 이익, 사회협약, 사회계약에 근거한다고 말한다. 그러나 기독교는 하나님을 영화롭게 하고 기쁘게 하는 것을 목적으로 하는데, 그 이유는 이렇게 하나님을 섬기는 것이 인간에게 이익이 되고 사회에 유익이 되기 때문이다(고전 10:31). 최고의 가치를 인간에 두는 휴머니즘과는 달리 기독교는 하나님의 영광과 기쁨에 최고의 가치를 두고 있음을 보여준다.

이제 교사가 가져야 할 가치인 성경적 가치의 근거를 생각해보자. 성경적 가치의 근거는 첫째, 완전하시며 불변하시는 하나님이시다. 하나님은 자존하시며 최고의 선이신 반면에, 사람은 하나님께 의존하는 존재이며 하나님의 선하신 목적을 드러내기 위하여 창조된 존재이다. 따라서 사람은 하나님께 영광을 돌려야 할 의무를 가지는 동시에 하나님께서 갖고 계신 피조물에 대한 계획이 우리의 목적이 된다. 이는 두 가지를 강조한다. 하나는, 우리의 도덕적 의무는 하나님께서 우리를 위하여 계획하시고 의도하신 것과 같다는 것으로 피조물의 의무는 피조물에 대한 하나님의 주권에 근거함을 보여준다. 다른 하나는, 인간에게 주어진 도덕적 의무의 원천은 하나님이심을 강조한다.

둘째, 하나님의 성품에 근거한다. 하나님께서 요구하시는 것에서 하나님의 성품을 볼 수 있다. 하나님의 요구는 공의와 사랑이며, 이것이 하나님의 성품이자 도덕법의 배경이며 근거이다. 공의와 사랑이 하나님의 성품임을 성경은 밝히 보여준다. 미가 선지자가 "사람아 주께서 선한 것이 무엇임을 네게 보이셨나니 여호와께서 네게 구하시는 것은 오직 정의를 행하며 인자를 사랑하며 겸손하게 네 하나님과 함께 행하는 것이 아니냐"(미 6:8)고 한 것에서 하나님의 공의와 사랑을 볼 수 있다. 그러므로 정치, 교육, 예술 등 모든 분야에서의 가치는 정의와 사랑을 드러내시는 하나님의 성품과 같은 것이어야 한다.

셋째, 하나님의 목적에 근거한다. 하나님께서는 그의 목적을 따라 피조물들을 창조하셨으므로 이것들은 하나님께서 보시기에 매우 좋았다. 곧 모든 피조물이 아름다움과 선이라는 가치를 가지고 창조되었다. 그러므로 유신론자는 가치중립성을 주장하는 비관론이나 주관주의를 배격할 뿐 아니라 가치현실성을 주장하는 낙관주의, 낭만주의 모두를 배격한다. 그 이유는 비관론이나 주관주의는 피조물은 선하게 창조되었다는 성경의 사상과 배치되고, 낙관주의나 낭만주의는 도덕적인 악의 현실성을 무시하기 때문이다. 유신론에 따르면 피조물이 가치를 내재하고 있는 것은 창조 때부터이나 인간의 유한성과 죄의 실재성 때문에 악은 여전히 존재한다.

넷째, 하나님의 말씀에 근거한다. 하나님께서는 사람에게 피조물에 대한 지배권을 부여하시면서 그의 의도하신 가치를 실현시키라는 '문화명령'(창 1:28)을 주셨다. 이것은 사람과 하나님 그리고 다른 사람 사이에서만 가치가 존재하는 것이 아니라 자연과의 관계에도 가치가 존재함을 말한다.

(3) 교사는 사랑의 사람이다.

교회학교 교사의 최고의 본질은 교회학교 학생들을 그리스도의 마음으로 사랑하는 것이다. 이러한 사랑은 칭찬과 돌봄보다 먼저이다. 사랑은 첫째, 학생들의 영혼을 사랑하여 가르치는 내용을 성실하게 열심히 준비하는 마음이다.

둘째, 그리스도께서 주신 권위로 학생들에게 말씀을 가르치고 지도하는 마음이다.

셋째, 분위기에 따라 변하지 않고 일관된 목표를 향한 마음이다.

(4) 교사는 소명으로 일하는 사람이다.

소명이란 말은 부르심을 뜻한다. 주께서 불러 주심에 따라 사역함을 말한다. 예수님께서 "너희가 나를 택한 것이 아니요 내가 너희를 택하여 세웠나니 이는 너희로 가서 열매를 맺게 하고 또 너희 열매가 항상 있게" 하려 함이라(요 15:16)고 하셨다. 그러므로 교회학교 교사는 자신의 재능, 지식, 말의 유창함을 의지하는 것이 아니라 교사로 불러주신 성령을 의지해야 한다. 여호와께서도 스룹바벨에게 "이는 힘으로 되지 아니하며 능력으로 되지 아니하고 오직 나의 영으로 되느니라"(슥 4:6)고 하셨다. 소명으로 가르칠 때 주님께서는 우리의 부족함과 미약함에도 불구하고 능력을 발휘하게 해주신다. 하나님은 소명으로 가르치는 사람에게 성령을 주셔서 능력의 교사로 만드시기 때문이다.

소명으로 일하는 교회학교 교사는 몇 가지 특징을 가지고 있다. 첫째, 주어진 가르침의 사역을 최우선으로 한다. 이는 교사의 헌신을 말하는 것인데 교사가 이렇게 가르침에 대한 헌신이 없이는 교회학교 교사로서의 책임을 제대로 감당할 수 없기 때문이다. 주위에서 교사의 사역을 자기 일의 제1순위에 놓고 있는 교사가 과연 얼마나 되는지 생각해보자. 교회학교 교사는 스스로에게 나는 교회학교 교사사역을 제1순위로 삼고 있는지 물어보아야 한다.

둘째, 감동력이 있다. 소명감이 있는 교회학교 교사는 학생들을 감동시킨다. 소명감이 없는 교사는 자신도 감동되지 않을 뿐 아니라 학생들에게도 감동이 없다. 감동과 열정이 없는 교사는 좋은 결과를 얻을 수 없다. 말씀을 가르치면 그 말씀이 감동이 되고, 찬양을 하면 곡조와 가사가 감동이 되고, 기도하면 그 간구가 감동이 되는 교사라야 학생들에게 감동력을 끼칠 수 있는 교사이다.

셋째, 영적 경험이 있다. 영적 경험은 최고의 교사가 되게 하고, 가르침을 풍성하게 하고, 생동감 있게 만든다. 소명이 있는 교사는 가르치는 내용을 잘 파악하고 그 내용의 준비를 통하여 영적 경험을 체험하게 된다.

넷째, 학생들의 가능성에 대한 탐구심을 가지고 있다. 탐구심은 최고의 학습요인일 뿐 아니라 가르침에도 중요한 요인이 된다. 교사는 학생들로 하여금 하나님께서 그들에게 주신 보배를 찾아내도록 도와주는 특권과 의무를 가지고 있다. 그러므로 교사는 하나님께서 자신이 가르치는 학습자들에게 주신 은사와 능력이 무엇인지를 찾아내려고 하는 영적 탐구심이 필요하다. 이를 요약하면 다음 〈그림 11〉과 같다.

〈그림 11〉 교사는 (?)의 사람

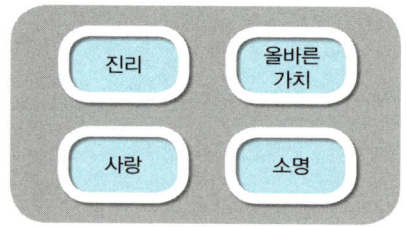

교사와 가르침

"교사는 왜 가르치는가?"라는 물음에 준비된 대답이 있는가? 많은 교회학교 교사들이 "왜 가르쳐야 되는가?"를 생각하고 고민해보기도 전에 권유에 의하여 가르치기 시작한다. 교회학교의 현장을 보면 해가 바뀌는 진급 시기가 되면 교회학교 부장이나 지도자는 매우 바빠진다. 여러 바쁜 일 가운데 가장 어려운 일이 새로운 교사후보를 찾아내는 일이다. 대부분의 교회의 경우, 다른 어느 부서보다 자격을 갖춘 헌신된 자들을 찾기 힘든 부서가 교육부서일 것이다. 상당수의 교사가 연말이 되면 가르치는 사역을 끝내려 하기 때문이다. 그러면 교육부서 지도자는 교사 후보자들을 찾아나서야 하고 그 후보자들을 설득해야 한다.

새로운 교사후보자들을 설득할 때 교육지도자들은 대체로 다음과 같이 말한다. "○○○님, 내년에 우리 부서를 좀 도와주세요." 그런데 이렇게 하는 말이 과연 맞는 말인가? 교회의 본질을 조금만 더 이해하게 되면 다음과 같이 설득할 것이다. "○○○님, 내년에 우리 부서에서 함께 일합시다." 이 말은 앞의 "우리 부서를 좀 도와주세요"라는 말과는 그 의미가 다르다. 이 말은 교회에서 가르치는 일은 모든 그리스도인들에게 주어진 의무로서 그 교육부서에 더 많은 사람이 필요함을 드러내는 말이다. 교회학교의 일은 어느 특정한 사람의 일이 아니라 하나님의 일이요 그리스도의 일이라는 의미를 포함한다.

베드로 사도는 "각각 은사를 받은 대로 하나님의 여러 가지 은혜를 맡은 선한 청지기 같이 서로 봉사하라"(벧전 4:10)고 말한다. 이 구절은 모든 성도들이 다 은사대로 봉사할 책임이 있음을 말한다. 하나님께서는 성도들이 봉사하도록 하시기 위하여 모두에게 은사를 주셨다. 그러므로 모든 성도는 자기에게 주어진 은사에 따라 봉사해야 한다.

그러면 그리스도인들이 가르치는 이유는 무엇인가?

(1) 하나님의 명령 (대위임령, 마 28:19-20)이기 때문이다.

예수님께서는 승천하시기 전에 제자들에게 "너희는 가서 제자를 삼으라"고 대위임령을 주셨다. 예수님의 명령인 '제자를 삼는' 과정에는 3단계가 있다. 첫째 단계는 '가라'는 명령에 따라 은사에 맞는 봉사의 일을 찾는 일이다. 둘째 단계는 '세례를 주라'는 말씀에 따라 성례를 베푸는 일이다. 셋째 단계는 '가르쳐 지키게 하라'는 말씀에 따라 가르치고 배운 대로 살도록 교육하고 훈련하는 일이다.

'가르쳐 지키게 하라'는 명령은 예수님께서 땅 위에서 사시는 동안 선포하고 치유하시던 사역을 함께 하였던 제자들에게 '가르치는 사역의 책임과 권위를 부여하시는' 명령이다. 그러므로 목사인 교사나 교회학교 교사는 주님께서 가르치셨던 학생들을 교훈하고 가르칠 의무가 있다. 여기서 '가르치다'란 단어는 지속적인 가르침을 강조하는 말이다. 이러한 가르침은 디모데후서 2장 2절에서처럼 대(代)를 계승하여 가르쳐야 함을 나타내기도 한다. 제자들은 예수님의 교훈을 가르칠 뿐 아니라 '지키게' 할 책임도 있다. 이는 지식적으로만 아니라 마음과 삶까지도 변화시키는 교육과 훈련을 말한다.

'가르치라'는 명령은 이미 하나님께서 모세에게 주신 명령이다. 레위기 10장 11절에서 "또 나 여호와가 모세를 통하여 모든 규례를 이스라엘 자손에게 가르치리라"고 하셨다. 여기에서 '가르치리라'는 말은 제사장들에게 제사의식을 행하는 일뿐 아니라 백성들에게 하나님의 법도와 규례를 가르칠 의무가 있음을 나타내는 것이다. 신약에서도 장로의 자격 가운데 하나가 '가르치기를 잘하는'(딤전 3:2) 것이다.

예수님의 명령은 단순히 가르치는 것만이 아니라 '제자를 삼으라'는 것이다. 제자가 된다는 것은 복음을 듣고 아는 것만이 아니라 주님의 사람이 되어감을 의미한다. 이는 그리스도의 사람으로 만들라는 의미와 같다. 어떤 사람의 이름 뒤에 사람 인(人)을 붙이면 그에게 속한 사람을 의미한다. 곧 '그리스도'의 이름 뒤에 '인'을 붙이면 곧 그리스도인이라는 말은 '그리스도에게 속한 사람'이라는 의미이다. 곧 그리스도의 제자인 그리스도인은 그리스도의 방식으로 훈련을 받고 그의 나라를 위하여 섬기는 사람이다.

이러한 제자의 삶은 그리스도에 의해 만들어지는 것이다. '제자를 삼다'

라는 말에는 가르치고 훈련시키라는 의미뿐 아니라 회개와 신앙을 일으킨다는 의미도 포함되어 있다. 우리가 가르치는 이유는 예수님께서 '가르치라'고 명령하셨기 때문이다. 이보다 더 중요한 이유는 없다.

(2) 하나님의 자녀를 기르는 일이기 때문이다.

하나님께서는 교회에 그의 자녀들인 성도들을 가르치는 직분 네 가지 곧 사도, 선지자, 복음 전하는 자, 그리고 목사인 교사를 주셨다. 이러한 직분자는 교회지도자들로서 성도를 기르는 일을 한다. 그런데 하나님께서 이들을 교회에 주신 이유는 그들을 "온전하게 하여 봉사의 일을 하게 하며 그리스도의 몸을 세우려 하심"(엡 4:12)이다. 이 에베소서 구절은 교회지도자는 성도들을 그리고 교회학교 교사는 학생들을 어떻게 길러야 하는지를 말해준다. 곧 '온전한' 학생들이 되도록 기르는 책임이 교회학교 교사들에게 있음을 말해준다.

"성도를 온전하게 하며"라고 말한 구절은 성도들을 무장시키고 준비시킨다는 뜻을 갖고 있다. 이 '온전하게 하다'라는 말이 마태복음 4장 21절에서는 '깁는다'는 단어로 번역되었다. 이 두 단어는 원어로 같은 단어이다. 곧 '온전하게 하다'는 것은 고기잡이를 한 후에 찢어지고 끊어진 그물을 꿰매는 것과 같은 일임을 나타내고 있다. "세베대의 아들 야고보와 그의 형제 요한이 그의 아버지 세베대와 함께 배에서 그물 '깁는' 것을 보시고 부르시니". 그리고 이 단어가 갈라디아서에서는 '바로잡다'라는 단어로 번역되었다. 곧 온전하게 하는 것은 잘못하고 있는 사람을 바르게 붙들어주는 것과 같음을 말한다. "형제들아 사람이 만일 무슨 범죄한 일이 드러나거든 신령한 너희는 온유한 심령으로 그러한 자를 '바로잡고' 너 자신을 살펴보아 너도 시험을 받을까 두려워하라"(갈 6:1).

교회학교 교사가 학생들을 가르칠 책임은 하나님께서 가정에 주신 기업인 자녀들을 가르칠 부모의 책임과 마찬가지다. 왜냐하면 자녀가 하나님께서 가정에 주신 기업인 것과 같이 교회학교 학생들은 하나님께서 교회학교 교사에게 주신 기업이기 때문이다. 에베소서 6장 4절은 "또 아비들아 너희 자녀를 노엽게 하지 말고 오직 주의 '교훈'과 '훈계'로 양육하라"고 부모들에게 명령하고 있다. 이 구절에서 '교훈'을 의미하는 '파이데이아'는 성숙의 과정에 있는 아이들을 지도와 가르침, 훈련 그리고 심지어 징계의 방식으로 어느 정도의 강제가 포함된 방법들을 사용하여 아이들을 키우고 다룬다는 뜻이다. 그리고 '훈계'를 의미하는 '누세시아'는 교정을 위한 권면, 교훈 그리고 경고라는 의미를 지니고 있다.

교회학교 교사와 학생들의 관계는 가정에서 부모와 자녀들의 관계와 같다. 그러므로 교사들은 부모의 입장에서 학생들을 가르쳐야 한다. 이러한 교회학교 교사는 다음의 여러 방법으로 아이들을 가르칠 수 있다.

첫째, 징계를 통하여 가르친다. 이러한 징계는 그 목적이 분명해야 한다. 곧 학생들이 예수 그리스도의 종으로 성장하게 하는 데 목적을 두어야 한다. 이를 위해서는 학생들이 해야 할 일과 해서는 안 될 일에 대한 기준을 분명하게 해야 한다. 이때의 기준은 그들의 발달수준에 맞추어야 한다. 또한 징계는 그들의 잘못에 상응해야 한다. 이러한 징계에는 말로 하는 것과 벌을 주는 것이 있는데 교회학교에서는 벌을 주기가 어려우므로 말로 주의를 주거나 경고하는 것이 필요하다.

둘째, 개인적인 모범을 통해서 가르친다. 바울 사도는 데살로니가 성도들에게 편지를 쓰면서 "우리에게 권리가 없는 것이 아니요 오직 스스로 너희에게 본을 보여 우리를 본받게 하려 함이니라"(살후 3:9)라고 하였는데 이는 바울 사도가 새신자인 데살로니가 성도들에게 말이나 편지만이 아니라 그의 삶을 통하여 가르쳤음을 볼 수 있다. 그리고 나이가 어린 교역자인 디모데에게는 "누구든지 네 연소함을 업신여기지 못하게 하고 오직 말과 행실과 사랑과 믿음과 정절에 있어서 믿는 자에게 본이 되어"(딤전 4:12)라고 한 것은 가르치는 사람의 삶을 통한 모범을 강조한 것이다.

셋째, 절기행사와 그 의미를 통해서 가르친다. 출애굽기 12장 26-27절에서 모세는 이스라엘 백성들에게 유월절 예식을 지킬 것을 명령하면서 "이 후에 너희의 자녀가 묻기를 이 예식이 무슨 뜻이냐 하거든 너희는 이르기를 이는 여호와의 유월절 제사라 여호와께서 애굽 사람에게 재앙을 내리실 때에 애굽에 있는 이스라엘 자손의 집을 넘으사 우리의 집을 구원하셨느니라 하라"고 하였다. 이는 유월절 절기의식을 통하여 이스라엘 백성을 애굽에서 구원하신 하나님의 사역을 가르치는 기회로 삼으라는 것이다. 그러므로 교회학교 교사는 절기를 이용하여 신앙교육을 할 수 있다. 이를 그림으로 요약하면 〈그림 12〉와 같다.

〈그림 12〉 교육의 근거

교회교육과 교사의 자질

교사는 학습효과를 높이기 위하여 인격적이고 말씀 중심적인 방법뿐 아니라 학습동기를 부여하고 효율성이 있는 방법들을 사용한다. 교회학교 교사는 학생들을 잘 가르쳐야 한다. 이를 위하여 하나님께서는 모든 사람에게 은사를 주셨고(롬 12; 엡 4; 고전 12) 또 가르치는 직분을 주셨다. 하나님께서 각 사람에게 부여하신 은사가 무엇인지를 알아 그 은사를 개발하도록 해야 하는 것처럼 교사가 가르치는 은사를 잘 발휘하기 위해서는 주어진 가르치는 은사를 잘 개발하여야 한다. 하나님께서 찬양대원에게는 좋은 목소리를 주셔서 아름다운 찬양을 하게 하시고, 전도대원에게는 뜨거운 열정을 주셔서 생명의 복음을 전하게 하시는 것과 마찬가지로 가르치는 사람에게는 가르치는 은사를 주셔서 배우는 사람들이 잘 깨닫도록 하셨기 때문이다.

교회학교 교사에게는 가르치는 은사를 주셨으나 이 은사는 개발해야 잘 사용할 수 있다. 이러한 자질을 개발하기 위해서는 먼저 가르침의 소명이 나에게 있는가를 살펴보고, 가르치는 사람에게 필요한 자질이나 능력을 내가 소유하고 있는지를 알아야 한다. 그리고 그러한 자질이 있다고 생각되면 가르치는 사역을 하면서 그러한 자질을 더욱 개발하려고 노력해야 한다. 가르침과 관계된 구체적인 자질을 살펴보기 전에 교사에게 일반적으로 요구되는 자질들을 알아보자.

일반적 측면

교회학교 교사로 사역하는 데 필요한 전문적이며 특수한 자질 이전에 교사들에게 요구되는 일반적 측면의 자질들이 있다. 그 자질들은 다음과 같다.

(1) 중생의 체험이다.

이는 교사는 영적인 새 생명을 가진 사람이어야 함을 의미한다. 중생을 체험한 그리스도인 교사는 단순히 성경지식만을 전수하지 않는다. 성경지식을 전하는 것과 더불어 믿음의 확신을 심어주며, 성경적 가치관을 심어줌으로 삶의 변화를 일으키고, 성경적이며 신앙적인 삶의 모범을 보여주는 사람이다. 중생이란 무엇이며 교회학교 교사는 왜 중생한 사람이어야 하는가?

'중생'이란 물과 성령으로 거듭나는 것으로서(요 3:5) 하나님의 나라에 들어가기 위한 조건이며 영생의 조건이다. 중생은 넓은 의미로는 하나님의 부르심과 회심까지도 포함하지만 좁은 의미로는 사람에게 새로운 생명을 심어주시고 영혼을 거룩하게 하시는 하나님의 역사를 말한다. 이는 새로운 생명이란 말과 같다. 이러한 중생은 하나님께서 주시는 것으로 삶에 변화를 가져오게 하여 전인에 영향을 끼친다(고전 2:14; 고후 4:6; 빌 2:13; 벧전 1:8).

중생한 사람은 성령으로 새로 태어난 사람이므로 영의 일을 이해하고, 체험할 수 있다. 교회학교 교사가 효율적으로 가르치기 위해서는 자신이 먼저 하나님을 확신하고 믿어야 한다. 이러한 확신은 영적 체험에서 온다. 영적인 일을 하는 사람은 영적인 것을 먼저 이해하고 체험해야 한다. 중생한 사람은 또한 헌신된 마음을 가진다. 헌신된 마음으로 일을 하면 가르치는 사역을 더 열정적으로 하게 되고 그 결과로 좋은 열매를 맺게 될 뿐 아니라 헌신적으로 일하기 때문에 그 마음은 기쁨으로 가득하게 된다. 가르치는 교사의 마음에 기쁨과 확신이 있으면 배우는 사람들은 더 큰 영향을 받는다. 확신이 없이 가르치면 아무리 지식이 많고 경험이 많다고 할지라도 배우는 사람의 마음에 영향을 끼치기 어렵다. 그러므로 헌신은 가르치는 사람에게 매우 중요한 요소인데 이러한 헌신은 중생에서 온다.

(2) 성경에 대한 지식의 소유이다.

그리스도인 교사는 교수내용인 성경지식으로 무장해야 한다. 성경지식은 교회학교 교사들에게 기본이 되는 자질이다. 학교교육에서도 학과목 교사는 해당 학과목의 내용을 잘 이해해야 한다. 이러한 학과목의 내용에 대한 지식이 갖춰진 것을 확인한 후에 그가 아이들을 사랑하는 사람인지, 교육자적인 성품을 가졌는지, 그리고 사람됨이 어떠한지를 살펴봐야 한다. 이는 그 무엇보다 교사에게 전제가 되는 자질은 가르치는 내용에 대한 지식의 소유임을 의미한다.

성경을 안다는 말에는 두 가지 의미가 포함되어 있다. 하나는 성경에 관한 지식 곧 명제적 지식이다. 곧 성경내용에 대한 광범위하고도 구체적인 지식의 소유를 말한다. 교사가 가져야 할 성경에 관한 지식에는 본질적인 지식과 사실적인 지식이 있다. 성경에 대한 본질적 지식의 예로는 첫째, 성경과 계시의 관계, 둘째, 성경의 무오설과 그 증명, 셋째, 성경의 영감설, 넷째, 성경의 완전성, 다섯째, 성경의 권위 등이다.

이와 함께 교회학교 교사가 알아야 할 사실적 지식의 예로는 예수님의 제자는 12명임을 아는 것, 사복음서는 마태, 마가, 누가, 요한복음서라는 것을 아는 것, 구약은 39권이고 신약은 27권이고 전체는 66권임을 아는 것, 모세오경이란 창세기, 출애굽기, 레위기, 민수기, 신명기임을 아는 것 등이다.

성경을 안다고 할 때의 또 다른 하나의 의미는 성경 내용이 진리이며 옳은 것임을 알고, 그것을 확신하며, 체험하고, 또 그 아는 것이 옳은 것임을 증명하는 실천적 지식을 소유함을 말한다. 이는 부모들이 자녀를 안다고 할 때와 같은 의미이다. 이때 '안다'는 말은 부모가 자녀의 키나 몸무게 등과 같은 자녀의 외적 상태를 안다는 의미와 함께 그의 생각이나 성품 등과 같은 내적인 상태를 안다는 것을 포함한다. 이러한 실천적인 지식은 부모로 하여금 자녀의 생각, 언행 등에 대한 기대와 확신을 갖게 한다.

　하나님을 안다고 할 때도 마찬가지이다. 하나님을 안다고 할 때 단순히 하나님의 본질인 삼위일체로서의 하나님과 그의 능력과 온전하심에 관하여 안다든지, 그의 여러 이름들 곧 여호와, 엘로힘, 아도나이, 엘 샤다이 등이 갖는 의미를 안다든지, 그의 속성이 무엇임을 말할 수 있는 것과 같은 명제적 혹은 이론적인 지식만이 아니라 하나님의 뜻을 알고, 하나님을 신뢰하며, 하나님의 뜻을 좇아 행하는 것을 말한다. 시편 119편에서 시편 기자가 갖기를 원하는 지식은 이론적 지식이 아니라 실천적인 지식이다. 이는 시편 기자의 다음과 같은 간구에서 볼 수 있다. "찬송을 받으실 주 여호와여 주의 율례들을 내게 가르치소서"(시 119:12), "내 눈을 열어서 주의 율법에서 놀라운 것을 보게 하소서"(시 119:18), "내가 주의 법을 어찌 그리 사랑하는지요 내가 그것을 종일 작은 소리로 읊조리나이다"(시 119:97), "주의 말씀의 맛이 내게 어찌 그리 단지요 내 입에 꿀보다 더 다니이다"(시 119:103), "나는 주의 종이오니 나를 깨닫게 하사 주의 증거들을 알게 하소서"(시편 119:125).

　어떻게 하면 이러한 하나님에 관한 이론적 지식에서 실천적 지식으로 나아갈 수 있을까? 이것은 매우 어려운 동시에 매우 간단한 문제이기도 하다. 우리가 하나님에 관한 지식을 배울 때마다 기도와 찬양을 통하여 하나님 앞에서 '묵상'함으로써 하나님을 실천적으로 알 수 있다. 이러한 지식을 갖추는 것은 마치 수영을 배우는 것과 같다. 수영에 대한 이론적 지식이 헤엄치는 능력을 보장하지는 않는다. 어느 정도의 연습을 하면서 말로 설명할 수 없는 깨달음을 얻을 때 비로소 물 속을 헤엄쳐 갈 수 있다. 이러한 수영능력의 체득과 하나님을 아는 지식획득은 모두 실천적 지식이다.

그리스도인 교사라고 해서 일반교사들이 갖고 있는 학과목에 대한 지식보다 적게 가져도 되는 것이 아니다. 오히려 가르치는 내용인 성경에 대한 지식이 일반교사들이 해당 학과목에 대해 갖고 있는 지식보다 더 깊어야 한다. 우리는 이러한 면에서 부족함이 있다. 일반교사들은 전공자임에도 불구하고 학과목의 준비를 철저하게 하는 데 비하여 많은 교회학교 교사들이 그렇게 준비하지 못하는 것이 현실이다. 더구나 일반교사는 정부에서 인정하는 교사자격증을 소유하고 있지만 교회학교 교사는 자격증이 없다. 그러할수록 교회학교 교사는 성경에 대한 많은 지식을 가져야 한다.

교회학교 교사가 잘 가르치기 위한 정도에 따라 교사교육과정이 다르게 정해질 수 있다. 교회 교육과정은 어린이의 영적, 지적, 사회적, 도덕적 발달수준에 따라 내용의 난이도를 달리한다. 그러므로 교회학교 교사는 성경지식 못지않게 학습자들에 대한 지식을 가지고 있어야 한다.

(3) 학습자에 대한 이해이다.

학습자를 안다는 것은 단순히 그들의 얼굴을 안다는 것만이 아니다. 마치 예수님께서 우리 각 사람의 이름을 아시듯이, 우리도 학습자의 이름을 알아야 한다(요 10:3). 교사가 학생의 이름을 부르게 되면 교육효과도 더 좋아진다. 현대 사회는 대중과 무리와 군중의 사회이다. 특히 번호의 시대이다. 학교 교실에서도 번호로, 은행이나 관공서의 대기 줄에서도 번호로 불린다. 우리가 물건을 살 때 거기에 기록된 바코드도 현대의 특성을 보여준다. 비록 학교에서는 출석번호가 학생의 이름을 대신하더라도 교회에서는 학생들의 이름을 불러야 한다. 이름을 부른다는 것은 그 사람을 안다는 것을 의미한다. 이는 그들의 영적, 지적, 정서적, 신체적인 상황을 아는 것이다. 학습자를 알 때 그들에 맞는 교육과

정을 만들 수 있다.

특수적 측면

교회학교 교사에게 요구되는 요소들을 좀 더 세분하여 지성적, 영적, 실천적인 면에서 살펴보자. 이러한 특수적 자질들은 〈그림 13〉과 같다.

〈그림 13〉 교사의 특수적 자질

(1) 지성적 자질이다.

바울은 디모데에게 "너는 진리의 말씀을 옳게 분별하며 부끄러울 것이 없는 일꾼으로 인정된 자로 자신을 하나님 앞에 드리기를 힘쓰라"(딤후 2:15)고 권하였다. 이 성경구절에서 '하나님의 말씀을 옳게 분별하며'라는 구절은 교사에게 필요한 지성적 자질을 말한다.

여기에서 '옳게 분별하다'라는 단어는 '똑바로 자르다', '바르게 신중하게 다루다'라는 의미를 가지고 있다. 마치 능숙한 농부가 논두렁이나 밭고랑을 갈 때 삐뚤삐뚤하지 않고 똑바르게 갈듯이, 도시에서 차선을 긋는 인부들이 차선을 반듯하게 긋듯이 '옳게 분별하다'는 말에는 '똑바르게 자르다'라는 의미가 포함된다. 또한 칼날이 예리한 진검을 다루는 사람들은 칼을 대할 때 매우 신중하다. 조금이라도 소홀히 하면 자신이나 다른 사람의 신체에 상해를 입힐 수 있기 때문이다. 마찬가지로 성경을 '옳게 분별하다'라는 것은 성경을 가르치는 교회학교 교사에게도 이러한 신중함이 필요함을 의미한다.

　그러면 어떻게 하는 것이 바르고 신중하게 다루는 것인가? 먼저 소극적인 면에서 생각해 본다면 허튼 말을 하지 않는 것을 말한다. 대화 가운데 허튼 말을 많이 하는 사람은 좋은 교사가 될 수 없다. 이러한 말은 말하는 사람을 가볍게 만들 뿐 아니라 듣는 사람들의 믿음을 흔들어 놓는다. 교사는 의사 못지않게 큰 영향을 미친다. 지식이 많고, 지위가 높고, 명예가 있고, 물질이 많아서 평소에 자신감이 넘친다 할지라도 의사로부터 '암입니다'라는 한마디를 듣는 순간부터 그 사람은 죽어간다고 한다. 반대로 암에 걸린 줄 알고 거의 죽어가던 사람이 의사로부터 '오진입니다. 암이 아닙니다'라는 한마디를 듣는 순간 생기가 나고 힘이 난다고 한다. 이렇게 의사의 말은 환자의 육신을 살리기도 하고 죽이기도 하지만 교회학교 교사의 말은 학생의 영혼을 살리기도 하고 죽이기도 한다. 그러므로 교회학교 교사는 성경을 가르칠 때 말을 바르고 신중하게 해야 한다. 만일 그렇지 못하면 "이는 유익이 하나도 없고 도리어 듣는 자들을 망하게"(딤후 2:14하) 만든다.

　교사는 환경에 따라, 그리고 듣는 사람의 필요에 따라 적합하게 가르쳐야 한다. 이를 위해서는 성경을 많이 읽고, 듣고, 묵상해야 한다. 음악감상을 제대로 하는 방법 중 하나는 큰 작품들을 자꾸 반복해서 듣는 것이다. 얼마 전에 한 교수부부와 대화하게 되었는데 그들이 음악전공자들이 많은 교회에 오래 다닌 결과 귀가 밝아졌다는 것이다. 음악전공과는 관계없는 분들이었지만 오랫동안 자꾸 듣다보니 피아노 소리에 민감하게 된 것이다. 성경도 마찬가지다. 계속하여 읽고 듣게 되면 성경에 대한 눈이 열리고 귀가 열리고 마음이 열리게 된다. 그러면 어느새 성경을 '옳게 분별하는' 교사가 된다. 이러한 기초 위에 성경에 대한 지식과 학습자에 대한 지식을 쌓아가야 한다.

(2) 영적인 자질이다.

인간의 모든 삶의 영역에서 주권자는 하나님이시다. 세상역사의 주인공이 하나님이실 뿐 아니라 교회교육의 주권자도 하나님이시다. 곧 교회학교의 교사는 교회교육에서 주권자 곧 주연배우가 아니라 증인 곧 조연배우에 불과하다. 그러므로 인간의 지혜보다 하나님을 의지하는 영성이 교사에게 필요하다. 바울은 "하나님의 어리석음이 사람보다 지혜롭고 하나님의 약하심이 사람보다 강하니라"(고전 1:25)고 하였다. 이는 하나님을 의지하는 영성이 사람의 지혜보다 나음을 말한다.

교사에게 필요한 것은 영적인 삶이다. 영적인 삶이란 믿음의 삶이다. 교회학교 교사는 "이제는 내가 사는 것이 아니요 오직 내 안에 그리스도께서 사시는 것이라 이제 내가 육체 가운데 사는 것은 나를 사랑하사 나를 위하여 자기 자신을 버리신 하나님의 아들을 믿는 믿음 안에서 사는 것이라"(갈 2:20)고 고백하는 바울 사도와 같이 그리스도에 대한 믿음 안에서 사는 삶 곧 영적인 삶을 살아야 한다.

교회학교 교사가 영적인 자질을 갖는다는 것은 그리스도의 생각과 성품을 갖는다는 말이다. 그리스도의 생각을 갖기 위해서는 하나님의 말씀을 읽고, 암송하고, 묵상하는 교사가 되어야 한다. 그 이유는 "하나님의 말씀은 살아 있고 활력이 있어 좌우에 날선 어떤 검보다도 예리하여 혼과 영과 및 관절과 골수를 찔러 쪼개기까지 하며 또 마음의 생각과 뜻을 판단"(히 4:12)하기 때문이다. 하나님과의 관계가 긴밀하냐 소홀하냐 하는 것은 곧 교회학교 교사의 영성에 영향을 미친다. 교사는 어떻게 하여야 영적인 자질을 갖출 수 있는가?

"너는 진리의 말씀을 옳게 분별하며 부끄러울 것이 없는 일꾼으로 인정된 자로 자신을 하나님 앞에 드리기를 힘쓰라"(딤후 2:15)는 구절에서 '부끄러울 것이 없는 일꾼으로 인정된 자'는 영적인 자질을 갖춘 자를 말한다. 곧 교사는 인정을 받아야 한다. 일반학교 교사는 국가로부터 인정을 받아 교사자격증을 받고 학교로부터 인정을 받아 교단에서 가르친다. 그러면 교회학교 교사는 누구로부터 인정을 받아야 하는가? 나는 누구의 인정을 받아 교회학교 교사가 되었는가?

교회학교 교사는 담임목회자의 인정이나 자신이 가르치는 학생들의 인정을 받기 이전에 하나님의 인정을 받아야 한다. 하나님의 인정을 받기 위해서는 '부끄러울 것이 없어야' 한다. 하나님께서는 사람의 생각, 말, 행동을 보시기 때문에 바울 사도는 복음을 전하다가 사람들로부터 많은 고난을 받았으나 복음과 주님 앞에서는 부끄러움이 없었다.

바울은 고난 가운데서도 자신이 그리스도의 사도요, 종이요, 복음 전하는 자라고 말하기를 부끄러워하지 않았다. 교회학교 교사도 어떻게 하면 그렇게 될 수 있을까? 바울은 빌립보 성도들에게 "나의 간절한 기대와 소망을 따라 아무 일에든지 부끄러워하지 아니하고 지금도 전과 같이 온전히 담대하여 살든지 죽든지 내 몸에서 그리스도가 존귀하게 되게 하려"(1:20) 하기를 원하는 마음을 가지라고 권한다. 좀 더 구체적으로 말하자면 교회학교 교사로서 담대함을 가지라는 것이다. 그러므로 자신이 교회학교 교사임을 부끄러워하거나 교사의 직분을 하찮은 것으로 여기지 않아야 한다. 그리고 바울과 같은 담대함을 가지기 위해서는 복음에 대한 확신을 가지고, 복음을 바로 알아야 한다.

영적인 자질을 가진 사람은 실천할 뿐 아니라 학생들도 말씀을 실천할 수 있도록 동기를 유발한다. 바울은 이러한 자질을 데살로니가 성도들에게서 보았다. 그는 데살로니가 성도들에게 편지를 쓰면서 "너희가

…… 모든 믿는 자의 본이 되었"(살전 1:7)다고 말한다. 교사는 모방성이 강한 어린이들 앞에, 감수성이 풍부한 십대 청소년들 앞에 노출되어 있는 공인이다. 공인인 교사는 뒤로 숨을 수가 없다. 주님께서 제자들에게 "너희는 세상의 빛이라 산 위에 있는 동네가 숨겨지지 못할 것이요 사람이 등불을 켜서 말 아래에 두지 아니하고 등경 위에 두나니 이러므로 집 안 모든 사람에게 비치느니라 이같이 너희 빛이 사람 앞에 비치게 하여 그들로 너희 착한 행실을 보고 하늘에 계신 너희 아버지께 영광을 돌리게 하라"(마 5:14-16)고 하셨다.

(3) 실천적인 자질이다.

바울은 디모데에게 "너는 진리의 말씀을 옳게 분별하며 부끄러울 것이 없는 일꾼으로 인정된 자로 자신을 하나님 앞에 드리기를 힘쓰라"(딤후 2:15)고 권면하신 말씀 중에서 '자신을 하나님 앞에 드리기를 힘쓰라'는 구절은 교사의 실천적인 자질을 말하고 있다. 실천적 자질이란 첫째, '힘쓰라'는 권면을 따르는 것이다. 이 말은 '계속하라'는 의미이다. 교회학교 교사는 무엇을 계속해야 할 것인가? 교사로서 계속 실천해야 할 것은 '연구하는 일'이다. 아주 작은 일에서부터 실천할 수 있다. 모든 그리스도인들에게도 그러하지만 특히 교사에게 필요한 것은 매일 성경을 읽고 기도하는 일이다. 특히 성경 읽기로는 매일 3장씩 읽는다든지, 아니면 1장씩을 읽는다든지, 혹은 성경 몇 구절씩과 함께 매일의 영적 양식을 위한 '매일성경', '오늘의 양식' 그리고 '생명의 삶' 등을 사용할 수 있다.

둘째, 자신을 드리되 '누구에게' 드릴 것인가를 잘 선택하는 능력이다. 선택은 매일 생활에서도 중요하고 인생살이에서도 중요하다. 아침에 집에서 나와서 학교나 직장으로 갈 때 출근하는 차들로 길이 번잡하다. 어떤 차선은 꼼짝달싹할 수 없는가 하면 다른 차선은 상대적으로 좀 소통이 되기도 한다. 어떤 차선을 선택해서 운전하느냐에 따라 좀 더 수월하게 출근할 수도 있고 길 위에서 시간을 더 많이 보내야 할 수도 있다. 매일의 생활 속에서 이러한 사소한 선택도 중요하나 가장 중요한 것은 일생을 사는 동안 누구를 주님으로 선택하느냐의 문제이다.

셋째, '자신을 드리기를' 왜 힘써야 하느냐의 문제이다. 이 세상에는 유혹이 많다. 우리는 바른 사람, 정직한 사람이라는 말보다 멋진 사람, 융통성이 있는 사람이라는 말을 듣기 좋아한다. 누구든 주님을 구주로 고백할 때 성화되고 그리스도인이 된다. 동시에 성화는 그리스도인들이 평생을 두고 실천해야 할 부분이기도 하다. 영적인 삶은 현재적인 것이지 과거사적인 것이 아니다. 그러므로 이러한 성화를 위해서는 끊임없는 영적인 투쟁과 노력이 필요하다.

제7장
교회교육과 지도력

예수님께서 말하는 지도력은 섬김(종)의 지도력이다. 이것은 일반인들이 생각하는 세속적인 지도력과 사뭇 다른 것이다. 예수님께서 제자들에게 교훈하신 지도력은 다수의 '위에 군림하는 지도력이 아니라 '그들 중'에 함께 하는 지도력이다. 만일 사람이 다른 사람들 위에 있다면 군림하는 '보스'이지 섬기는 '리더'가 아니다.

제7장

교회교육과 지도력

　교회교육의 근원적 주체는 성령이다. 그러나 성령은 교육에 직접 간여하시는 것이 아니라 인간교사를 통하여 일하신다. 교회교육 현장에서는 교사와 학습자의 상호작용을 통하여 교육이 일어난다. 교회교육 현장에서 교사는 지식을 가르치고, 가치관을 전수하여 학습자를 지성으로 이끌어가는 사람이다. 교사는 학습자들에게 배우고자 하는 동기를 부여함으로써 교회교육의 효과를 높인다. 인류의 문화가 지속적으로 발전해온 것은 이러한 교육의 힘이며 교회교육의 힘이다. 교사는 교회교육 현장에서 지도력을 발휘한다. 교회교사의 기능과 개념을 어떻게 정의하든 어떤 비유로 설명하든 교회교사는 교회교육 현장에서 최고의 지도력을 행사한다.

　교회학교 교사는 성경지식을 가르치고, 신앙을 세워주며, 모범된 삶을 몸소 실천하여 보여주는 사람이다. 교회교사의 임무는 "또 네가 많은 증인 앞에서 내게 들은 바를 충성된 사람들에게 부탁하라 그들이 또 다른 사람들을 가르칠 수 있으리라"(딤후 2:2)는 사도 바울의 말씀처럼 학습자들에게 단순히 성경지식을 전하여 하나님의 뜻을 알게 할 뿐 아니라 말씀으로 준비시켜 다른 사람들을 가르칠 수 있는 다음 세대의 지도자로 세우는 것이다.

교회학교 교사들이 주어진 사역을 효과적이고 효율적으로 수행하기 위해서는 지도력이 필요하다. 이러한 지도력의 필요성에 기초하여 아래에서는 교사가 필요로 하는 지도력은 어떤 것인가를 구체적으로 설명하려고 한다. 따라서 이 장(章)에서는 지도력의 세속적 관점 및 성경적 관점을 제시하고 그것의 성경적·신학적 근거를 제시하며 또한 교회교육에서의 영적 지도력에 대하여 알아본다.

지도력

'지도력'이란 무엇인가? 영어사전(O.E.D.)에서는 "지도자 특히 정당의 직무와 위치, 주어진 범위 안에서 다른 사람을 지도하거나 그들에게 영향을 미치는 지위, 조직이나 방향설정에 필요한 행위나 영향력" 등으로 정의한다. 베이커의 「실천신학 사전」에서는 '지도력'을 "이끌어가는 능력"이라고 정의한다. 그 예로서 예수 그리스도의 지도력을 제시하고 교회학교 교사는 예수 그리스도를 충성스럽고 헌신적으로 따라갈 때 제자들을 잘 인도할 수 있다고 말한다. 이러한 '지도력'을 다시 정의하자면, '다른 사람에게 영향을 끼쳐서 자신이 의도하는 것을 생각하거나 말하거나 행동하도록 하는 힘'이다. 이러한 지도력에 대한 세속적 관점과 성경적 관점을 아래에서 살펴보자.

세속적 관점

자신의 의도에 따라 학습자들을 잘 가르치기 위해서 교사는 지도력을 발휘해야 하는데 이를 위해서는 몇 가지 필요한 조건들이 있다. 이러한 지도력의 조건들은 지도력을 발휘하는 교사들이 효과적으로 가르침에서 찾을 수 있다. 그 특징은 다음과 같다.

첫째, 학습자로 하여금 학습하고자 하는 의욕과 동기유발을 일으킨다. 이러한 의욕과 동기를 유발하는 가장 기본적인 요소는 교사가 보여주는 진지한 자세다. 교사의 진지한 자세는 교실에서 교사가 사용하는 말, 태도, 자세 등을 통하여 전해진다. 왜 똑같은 말을 하는데 어떤 사람의 말은 설득력이 있고 다른 사람의 말은 그렇지 못할까? 교사는 언어를 통하여 말을 하지만 언어와 함께 그의 태도와 자세는 교사 스스로 자신이 하는 말에 얼마나 확신을 가지며, 가치를 두며, 또 전하려는 의욕이 있느냐를 드러낸다. 이러한 것은 학습자로 하여금 학습하고자 하는 동기를 불러일으킬 수도 있고 그렇지 않을 수도 있다.

어떻게 하면 학습하고자 하는 동기를 불러일으킬 수 있을까?

(1) 적절하고 분명한 목표를 제시해야 한다. 지금 배우고 있는 학습의 목표가 무엇인지에 대해 분명히 이해시켜야 한다. 그러나 목표를 이해하여도 그 목표가 성취하기에 너무 어려운 것이거나 너무 쉬운 것이어서는 학습동기를 불러일으키는 데 도움이 되지 않는다. 학습 목표는 성취하고자 하는 대상을 분명하게 보여주는 동시에 노력을 하면 성취할 수 있는 것이어야 학습동기를 일으킬 수 있다.

(2) 가르치는 내용이 매우 중요한 것임을 느끼게 해야 한다. 학습자들은 가르치는 교사의 말과 태도와 자세를 통하여 가르치는 내용이 중요한지 아닌지를 파악한다. 이는 마치 값비싼 물건을 파는 세일즈맨의 자

세라고 할 수 있다. 물건을 파는 사람이 진지함을 보임으로써 자신이 파는 물건이 귀한 것이라는 인상을 줄 수 있다. 성경교사도 세일즈맨이다. 그는 성경을 파는 세일즈맨이다. 그는 자신이 파는 성경이 매우 귀한 것임을 말과 태도, 행동으로 보여주고 느끼게 함으로써 학습자들의 마음에 성경을 배우려는 동기를 불어넣어야 한다.

둘째, 말의 전달 곧 의사소통을 명료하게 하여 자신의 생각을 분명하게 전한다. 어떻게 하면 교사가 의사소통을 명료하게 할 수 있을까?

(1) 학습자들에게 익숙하지 않은 용어, 이해하기 어려운 용어들은 피하고 익숙한 단어를 사용해야 한다. 성경을 가르칠 때 사람들에게 익숙하지 않은 어려운 신학적인 용어들의 사용을 피하고 쉬운 용어들로 표현함으로써 원활하게 의사소통을 해야 한다.

(2) 같은 말을 반복하는 것도 의사소통을 명확히 하기 위한 좋은 방법이다. 단순한 반복이 아니라 말하고자 하는 것을 말하고, 또 강조하여 말한 것을 요약하여 되풀이함으로써 의사소통을 명료하게 해야 한다.

(3) 문장을 짧게 함으로써 전하고자 하는 뜻을 분명하게 해야 한다. 글로 표현할 때는 상대적으로 긴 문장을 쓸 수 있으나 말을 할 때는 짧은 문장을 사용하는 것이 의미를 정확하게 전달하는 데 도움이 된다.

셋째, 표현방법의 변화를 사용한다. 어떻게 표현방법을 변화시켜야 학습자들이 주의를 집중하게 할 수 있을까?

(1) 가르칠 때 말의 억양에 변화를 준다. 낮은 목소리로 말하는 중에는 목소리를 높임으로써, 반대로 높은 목소리로 말하는 중에는 목소리를 낮춤으로써 그것이 중요한 부분임을 강조할 수 있고 동시에 학습자들의 주의도 집중시킬 수 있다.

(2) 질문법을 사용한다. 이 질문법은 가르친 것을 얼마나 이해하고 있

는가를 알아보기 위해서 사용하는 것이지만 동시에 학습자들로 하여금 주의집중을 시킬 때도 사용한다. 모든 질문이 항상 주의를 집중시킬 수 있는 것은 아니다. 도리어 분위기를 산만하게 만들 수도 있다. 질문을 사용하여 학습자들의 주의를 집중시키려면 먼저 전체를 대상으로 질문하여 모든 참여자로 하여금 질문에 대하여 생각하게 한다. 그 후에 특정한 사람을 지명하여 대답을 하게 한다. 이와는 반대로 특정한 사람을 먼저 지명하고 난 후에 그 사람에게 질문을 하면 분위기를 산만하게 만들 수 있다. 지명을 받은 사람 외에는 질문에 대해 생각을 하려 하지 않고 또한 주의집중도 하지 않기 때문이다. 반면에 지명을 받은 사람은 어떤 질문을 받게 될지 몰라 당황하게 된다.

넷째, 긍정적인 분위기를 만들어야 한다. 지도력을 가진 교사가 되기 위해서는 기본적으로 좋은 교수방법과 좋은 교육내용이 필요하다. 그러나 이것은 필요조건일 뿐이지 교사의 지도력 발휘를 보장해주는 충분조건은 못된다. 긍정적인 분위기를 만들기 위해서는 교사의 지도력을 방해하는 요소가 무엇인지 먼저 파악해야 한다. 교사의 지도력을 방해하는 요소는 불평불만을 일삼는 몇몇 학습자들에 의하여 만들어지기도 한다. 그러한 방해요인들을 해결하고 긍정적인 분위기를 만드는 것이 지도력이다.

성경적 관점

에베소서 4장 11절은 교회에서 지도력을 발휘하는 직분자로 사도, 선지자, 복음 전하는 자, 그리고 목사인 교사를 세웠다. 그들은 지도력을 발휘하여 "성도를 온전하게 하여 봉사의 일을 하게 하며 그리스도의 몸을 세우"(엡 4:12)게 한다. 이 구절은 교회지도자인 목사가 갖는 교사의 지도력 기능을 말한다. 즉, 목사인 교사로서 직무수행을 위한 지도력, 담임목사로부터 가르치는 책임을 위임받은 교회교육 지도자의 지도력, 교회교육을 직접 담당하는 학급을 맡은 교사의 지도력 기능을 말해준다.

좋은 교사는 다른 교사들이 가지고 있지 않은 자질 곧 지도력을 통하여 좋은 결과를 만들어낸다. 이러한 지도력은 교사에게 매우 중요하다. 현재의 교회교육도, 미래의 교회교육도 지도력을 가진 교사를 필요로 한다. 이러한 지도력을 위하여 하나님께서는 모든 그리스도인들에게 은사를 주셨다(고전 12:4-6). 그리고 교회교육 현장은 이러한 은사들을 가진 교사들이 지도력을 발휘하는 곳이며 교회는 교사들이 이러한 지도력을 발휘하도록 기대한다. 그러나 많은 교회교육 현장에는 지도력을 발휘하는 교사가 여전히 부족하다. 그 원인은 가르치는 은사를 받은 성도들이 받은 은사를 제대로 개발하지 않기 때문이며 또한 받은 은사를 제대로 사용하지 않기 때문이다.

교사는 지도력을 발휘함으로 설정한 목표를 성취한다. 교사는 자기가 맡은 학급에서 지도력을 발휘하여 학습자들을 효율적으로 이끌어갈 권한과 책임을 지닌다. 교회학교 교사가 맡은 반에서 지도력을 발휘해야 하는 목적은 첫째, 반에 속한 어린이들과 청소년들에게 성경지식을 가르치고 둘째, 그 결과로 성경본문에 대한 이해를 하게 하며 셋째, 성경의 의미를 파악하고 넷째, 말씀을 통하여 삶에서의 도전, 위로, 격려를 받게 하기 위함이다. 또한 교회학교 교사가 학급에서 가르칠 때 지도력을 발휘하기 위해서는 첫째, 평범하고 일상적인 말을 사용하고 둘째, 성경본문에서 핵심적인 의미를 끄집어내어 전달하며 셋째, 성경의 의미를 현대의 삶에 적용해야 한다.

교사가 지도력을 발휘하기 위해서는 가르칠 때 사용하는 언어와 내용이 적절해야 한다. 즉 학습자들에게 익숙한 언어를 사용하고, 내용의 핵심을 짚어주고, 그 내용을 삶에 적용할 수 있게 해주어야 한다. 왜 교회학교 학습자들이 교회학교 성경공부 시간을 지루하고 재미없고 시간낭비라고 느끼는가? 왜 귀한 하나님의 말씀을 공부하는 것을 그렇게 소홀히 여길까? 왜 사회에서 실력도 있고, 성품이 자상하고, 열심이 있고, 외모도 멋진 교사들인데 학습자들은 그들이 인도하는 성경공부 시간을 싫다고 하는가?

여러 이유 중 하나는 교수내용에 핵심이 없거나 분명하지 않기 때문이며 그 결과는 하나님의 말씀을 가르치고 배우는 성경공부의 실패다. 성경을 가르친다고 하여 학습자들이 저절로 동기유발이 되거나 재미있어하거나, 교사들이 저절로 능력을 갖게 되고, 가르치는 내용에 저절로 초점이 생기는 것이 아니라 교수내용을 주제에 맞춰 논리적으로 전개해 나갈 때 성경교수가 재미있게 느껴지고 초점도 생기게 된다. 그렇지 않으면 성경공부에 대한 학습자들의 불만이 일어난다.

그러므로 교회학교 교사가 지도력을 발휘하기 위해서는 교수내용을 체계적이고 논리적으로 전개해야 한다. 교수내용을 논리적으로 전개하는데 두 가지 조건이 있는데 첫째는, 논지를 분명히 세우는 것이고 둘째는, 그 세운 논지를 중심으로 내용을 전개하는 것이다.

논지를 세우기 위해서는 먼저 논지를 이해하는 것이 필요하다. 논지는 주제인 주어와 설명을 하는 보어로 구성되어 있다. 주제란 "성경구절이 말하는 것"이다. 이러한 성경의 주제는 공과의 제목이 될 수도 있고, 일부 성경에서 볼 수 있는 것처럼 단락에 주어진 제목일 수도 있다. 설명 혹은 보어란 "성경구절이 주제에 대하여 말하는 것"이다.

실례로 성경적 지도력에 대하여 생각해보자. 성경적 지도력은 예수님께서 제자들에게 하신 말씀 곧 "이방인의 집권자들이 그들을 임의로 주관하고 그 고관들이 그들에게 권세를 부리는 줄을 너희가 알거니와, 너희 중에는 그렇지 않아야 하나니 너희 중에 누구든지 크고자 하는 자는 너희를 섬기는 자가 되고, 너희 중에 누구든지 으뜸이 되고자 하는 자는 너희의 종이 되어야 하리라 인자가 온 것은 섬김을 받으려 함이 아니라 도리어 섬기려 하고 자기 목숨을 많은 사람의 대속물로 주려 함이니라"(마 20:25-28)에 나타나 있다. 즉, 예수님께서 말하는 지도력은 섬김(종)의 지도력이다. 이것은 일반인들이 생각하는 세속적인 지도력과 사뭇 다른 것이다.

예수님께서 제자들에게 교훈하신 지도력은 다수의 '위에' 군림하는 지도력이 아니라 '그들 중'에 함께 하는 지도력이다. 만일 사람이 다른 사람들 위에 있다면 군림하는 '보스'이지 섬기는 '리더'가 아니다. '군림하고' '권위만을 행사하려는' 보스는 명령하는 권위를 가지려 하지만, 섬김의 지도력을 가진 지도자는 그렇지 않다. 보스는 명령으로 이끌어가려 하지만 지도자는 섬김으로 이끌어가려 한다. 명령에 집착하는 보스는 특정한 행동을 강요하지만 리더는 마음에 영향을 끼침으로 이끌어 가려고 한다. 세속적인 지도력은 따르도록 하기 위하여 다양한 강제적인 수단을 사용하지만 섬김의 지도력은 행동을 강요하는 수단을 사용하지 않는다. 이러한 섬김의 지도력은 두 가지 근거 곧 성경적 근거와 신학적 근거를 가지고 있다. 아래에서는 먼저 성경적 근거를 살펴보자.

성경적 근거

바울 사도는 "내가 그리스도를 본받는 자가 된 것 같이 너희는 나를 본받는 자가 되라"(고전 11:1)고 하였다. 그리스도인은 그리스도를 따르는 사람들로서 그의 지도력을 인정하고 따라간다. 바울의 말처럼 자발적으로 그리스도와 바울을 따르게 하여 이끌어가는 것이 성경적 지도력이다. 그러므로 예수님께서 하나님 아버지의 뜻을 따르고, 바울 사도가 예수님의 뜻을 따른 것처럼, 교회학교 교사는 학습자들이 하나님과 예수 그리스도를 알고, 믿고, 섬기고, 따르도록 인도해야 한다. 그러므로 교사가 올바른 지도력을 행사하기 위해서는 성경에 근거해야 한다. 성경에 따라 행사하는 지도력이 성경적 지도력인데 이러한 성경적 지도력은 하나님의 뜻에 기초한다.

성경적 지도력은 자신의 지식과 능력과 지위와 물질과 경험에 기초하지 않고 하나님께서 주시는 은사와 능력에 기초한다. 에베소서에서는 성경적 지도력을 발휘할 교회의 지도자로 목사인 교사를 제시하고 그 임무로는 모든 성도들이 하나님의 아들을 믿는 것과 아는 일에 하나가 되어 온전한 사람을 이루어 그리스도의 장성한 분량이 충만한 데까지 이르도록(4:13) 가르치고 지도하는 일을 말한다. 지도자들이 이렇게 성도들을 온전한 사람이 되도록 가르칠 때 필요한 것이 지도력이다.

성경적 지도력은 성경적 '제자도'이다. 곧 성경적 지도자라고 말하는 것은 예수님의 제자라는 말과 같다. 교회교육에 있어서는 예수님만 지도자이며 교회학교에서 가르치는 교사를 포함한 다른 모든 사람들은 예수님의 제자들이다. 이러한 관점에서 성경적 지도력은 성경적 섬김의 도(道)이다. 예수님께서는 "인자가 온 것은 섬김을 받으려 함이 아니라 도리어 섬기려 하고 자기 목숨을 많은 사람의 대속물로 주려 함이니라"(막 10:45)고 하셨다. 예수님은 "너희 중에 누구든지 으뜸이 되고자 하는 자는 모든 사람의 종이 되어야 하리라"(막 10:44)고 말씀하심으로 지도자인 교사가 지녀야 할 제자도와 종 됨의 자세를 보여주셨다. 이러한 지도력의 본질을 성경적 관점에서 정리하면 다음과 같다. 곧 성경적 지도력은 ① 하나님 중심이며 ② 그리스도 중심이며 ③ 성령 중심이며 ④ 성경 중심이며 ⑤ 교회 중심이며 ⑥ 성도 중심이며 ⑦ 사랑 중심이다. 이를 그림으로 표시하면 다음 〈그림 14〉와 같다.

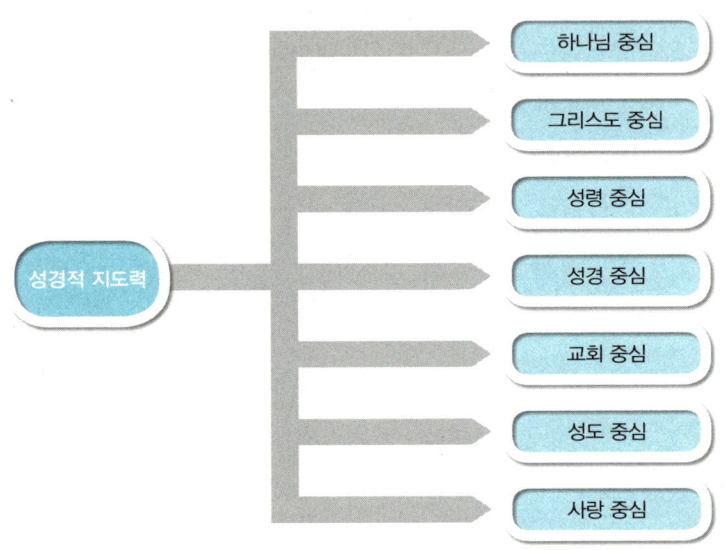

〈그림 14〉 성경적 지도력의 본질

세속학교에서의 교사의 지도력은 주어진 교과목의 지식을 효과적으로 전달하는 것에 제한된다. 그나마 공교육이 살아있을 때는 이러한 지식을 가르치는 교사는 학습자들로부터 존경을 받았고, 권위가 있었고 지도력을 발휘할 수도 있었지만 학교가 평준화되고, 학부모의 경제생활에 여유가 생기고, 학생들의 의지가 강하여짐에 따라 교사의 권위와 지도력은 위축되었다. 권위도 지도력도 발휘할 수 없고 오로지 지식만을 가르치는 교사가 되어버린 세속학교 교사와는 달리 교회학교 교사는 예수님께서 부여하신 권위를 가지고 있기 때문에 지도력을 발휘할 수 있다.

교회교육에서의 지도력의 원형은 예수님에게서 찾을 수 있다. 그러므로 교회교육의 지도력의 원형인 성경적 지도력을 발휘하기 위해서는 예수님을 알아야 한다. 곧 예수님은 누구시며, 무엇을 하셨으며, 어떻게 하셨는가를 살펴봄으로써 성경적 지도력의 본질과 내용을 찾아야 한다. 예수님은 지·정·의 모든 영역에서 본이 되셨다. 곧 예수님은 첫째, 지적인 면에서는 하나님의 뜻, 사람의 본질, 교수내용과 교수방법, 교수목표 등을 아셨다. 둘째, 정적인 면에서는 겸손, 진실, 사랑, 희생, 참으심을 보여주셨다. 셋째, 의지적인 면에서는 가르침대로 사는 모본을 보이시고 사람을 위하여 희생하셨다.

이를 요약하면 다음 〈그림 15〉와 같다.

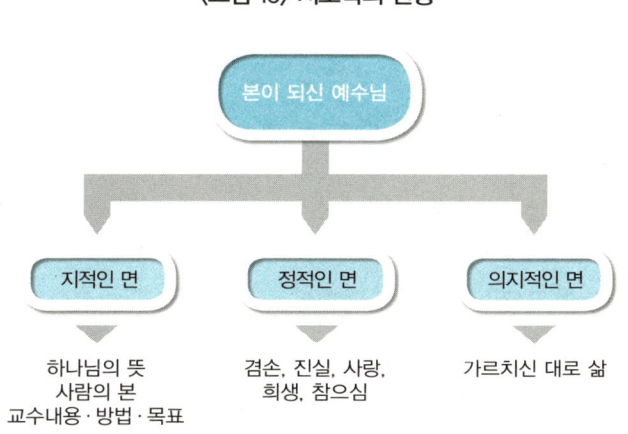

〈그림 15〉 지도력의 원형

교회학교 교사는 예수님께서 사람들을 대하시고 가르치시고 모본을 보이신 사례에서 지도력을 배운다. 그 내용을 살펴보면 다음과 같다.

첫째, 예수님은 제자들을 사랑하셨고, 자발적으로 따르게 하셨으며, 협동하게 하셨으며, 제자들의 권리를 존중하셨고, 필요를 충족시켜주셨고, 마음을 열어주셨고, 말에 귀를 기울이셨으며, 제자들을 개인적으로 아셨으며, 찾아가셨고, 제자들이 행동하는 이유를 아셨고, 그들을 칭찬하셨고, 지속적으로 훈련을 시키셨다.

둘째, 예수님은 대화에서 지도력을 드러내셨다. 예수님의 가르침은 목표 지향적이며, 제자들이 이해할 수 있도록 말씀하셨고, 그들의 말에 귀를 기울여 들으셨고, 다양한 방법을 사용하셨다.

셋째, 예수님은 제자들에게 일을 맡기실 때 탁월한 지도력을 보이셨다. 제자들에게 사명을 맡기실 때 해야 할 일을 분명히 하셨고, 사명만이 아니라 그들에게 능력도 주셨고, 결과를 확인하셨으며, 신뢰하셨으며, 일을 마치면 칭찬하셨다.

넷째, 사역을 함께 하실 때 지도력을 발휘하셨다. 제자들과 자유롭게 의논하셨고, 선한 행동과 양심으로 사역을 하셨고, 사역에서 높은 기준을 세우시고, 고귀한 목표를 제시하시고, 더 나은 결과를 요구하시고, 성령의 인도를 원하시고, 개인을 귀하게 여기시고, 협력하여 사역할 때 지켜야 할 기본 규칙을 정하셨다.

성경에 근거를 두는 이러한 교회학교 지도력에는 다음과 같은 여러 역할이 포함된다. ① 연합활동을 장려하고 ② 그 방향을 제시하며 ③ 지혜롭게 계획하도록 돕고 ④ 가치가 있는 목표를 성취하게 하며 ⑤ 섬기며 ⑥ 동기를 유발하고, 힘을 북돋우며, 인도하고 ⑦ 결과를 평가한다.

성경에 나타난 예수님의 지도력은 다음과 같이 요약할 수 있다. ① 그리스도인이 예수님께 순종하는 것은 그가 우리의 머리여서가 아니라 우리의 주님이시기 때문이다. 곧 신약에서의 지도력의 본질은 지위가 아니라 관계다. ② 전체 조직을 유지시키시며, 조직이 성장하는 데 필요한 것을 공급하며, 헌신적으로 섬길 뿐 아니라 변화를 유도하며, 성숙하도록 세워주신다. 곧 예수님의 지도력은 모든 성도들을 성숙하게 하는 원동력이며, 학습자들이 영적으로 성숙하게 하는 원동력이다. ③ 구약시대의 지도력이 권위적이며 계층적인 것과는 반대로 예수님의 지도력은 살아있는 유기체 안에서 유기적인 관계를 유지한다. ④ 에베소서 5장의 지도력은 주도권을 말하는 것이 아니라 섬기며, 높이며, 헌신에 초점을 두는 섬김의 지도력 곧 예수님의 지도력이다. ⑤ 가정의 머리로서의 남편의 기능은 교회의 구주가 되시는 예수님께서 교회를 사랑하시며 섬기신 사랑의 지도력과 같다. 이를 그림으로 나타내면 다음 〈그림 16〉과 같다.

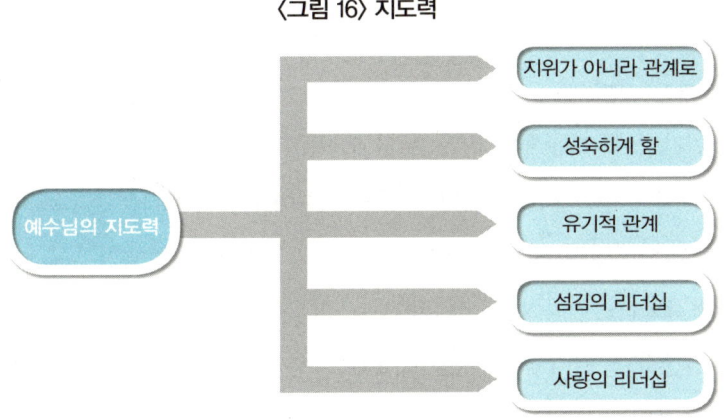

〈그림 16〉 지도력

성경은 예수님의 지도력을 통하여 교회교육자들이 가져야 할 지도력의 본질과 모습에 대하여 보여주고 있다.

신학적 근거

초대 고린도 교회는 연합하지 못하고 내부적으로 분열이 계속 일어났다. 특히 특정한 지도자들을 중심으로 파벌을 이루는 분열이 일어났다.

그래서 바울은 고린도 교회 성도들에게 "너희는 아직도 육신에 속한 자로다 너희 가운데 시기와 분쟁이 있으니 어찌 육신에 속하여 사람을 따라 행함이 아니리요"(고전 3:3)라고 꾸짖었다. 고린도 교회가 연합되지 못하고 분열한 이유는 다음의 여섯 가지로 설명할 수 있다.

(1) 초대 고린도 교회 내의 분파 원인은 인간 지도자에 초점을 두었기 때문이다(고전 1-4장). 당시 고린도 교회는 바울, 아볼로와 같은 훌륭한 지도자들을 중심으로 하여 여러 그룹으로 나뉘었다. 그러나 교회 지도자들은 하나님의 일꾼에 지나지 않음을 바울은 강조하고 교회 중의 분파를 꾸짖었다. 한국교회 특히 예수교장로회는 300여 개의 교단으로 나뉘어 있는데 특별히 이단적 교리를 강조하지 않는다면 상대방을 비난할 것이 아니라 의식과 교리상의 차이가 있어도 믿음으로 하나가 되려는 생각을 해야 한다.

(2) 인간적인 조화에 초점을 두었기 때문이다(고전 5장). 고린도 교회는 문제가 있는 성도들도 전체의 조화를 위하여 수용하였다. 그리스도의 사랑을 말한 것이나 이것은 잘못된 사랑이요 조화다. 사랑이 중요하지만 인간적 조화를 위하여 진리의 문제를 희생해서는 안 된다.

(3) 인간적인 권리에 초점을 두었기 때문이다(고전 6장). 바울은 성도들 간에 다툼이 났을 때 자신의 권리를 위하여 세상 법정에 가져가지 말고 교회 자체에서 해결하도록 하였다. 교회의 문제를 자신의 유익 때문에 일반법정으로 가져가는 것은 자신의 권리를 보호받기 위하여 교회의 하나 됨을 해치는 것이기 때문이다.

(4) 사랑이 아니라 개인의 자유에 초점을 두었기 때문이다(고전 8-10장). 우상 제사에 사용하였던 제물을 먹는 문제로 성도 간에 분열이 생겼다. 어떤 사람은 이방신이란 없으니 제물을 먹어도 상관이 없다고 하고, 어

떤 사람은 우상제물을 먹는 것은 잘못이라고 하였다. 그들은 자신의 지식을 신뢰하고 그에 따라 다른 사람을 비판하며 사랑을 잊어버렸다.

(5) 잘못된 권리주장에 초점을 두었기 때문이다(고전 11장). 바울은 여성을 온전한 인격체이자 교회의 한 지체들로 여겼다(갈 3:26). 고린도 교회 여성들은 그러한 그리스도인의 자유에 근거하여 여성들이 머리 수건을 벗을 권리를 요구하였다. 이러한 주장은 남녀간의 참된 동등은 여성들이 남자들과 모든 면에서 같이 해야 한다는 잘못된 권리주장에 따른 것이다.

(6) 계층 간의 구별에 초점을 두었기 때문이다(고전 12-14장). 고린도 교회에서는 겉으로 드러나는 은사를 받은 사람이 존중을 받았다. 이는 은사와 기능을 혼돈한 것이다. 이를 요약하면 〈그림 17〉과 같다.

〈그림 17〉 교회 분열의 이유

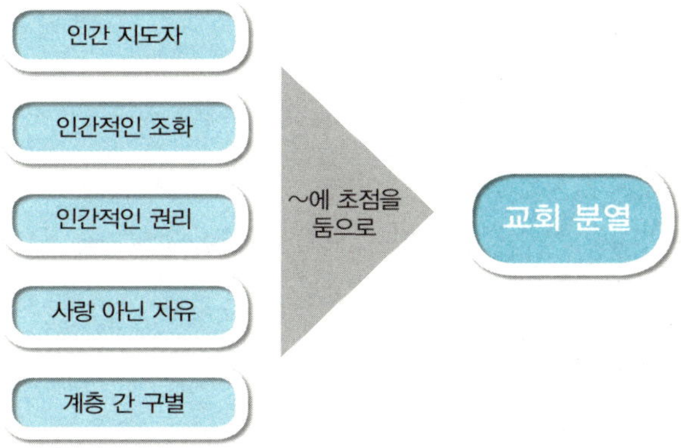

인간 지도자
인간적인 조화
인간적인 권리
사랑 아닌 자유
계층 간 구별
~에 초점을 둠으로 → 교회 분열

교회교육과 영적 지도력

'영적 지도력'은 강조점에 따라 두 가지로 구분할 수 있다. 하나는 '영적'

지도력이고, 다른 하나는 영적 '지도력'이다. 앞의 것은 여러 지도력 중에서 '영적'인 것에 관한 것이고, 뒤의 것은 여러 영적인 것 중에서 '지도력'에 관한 것이다. 교사는 이러한 두 가지의 영적 지도력 모두를 필요로 한다. 먼저 '영적' 지도력을 알아보자.

'영적' 지도력

이것은 주로 교회 안에서 행사되는 지도력이다. '영적' 지도력을 받은 교사의 주된 임무는 학습자들을 온전한 그리스도인으로 양육하는 것이다(엡 4:12). 모든 교회학교 교사는 학습자들에게 영향을 끼칠 수 있는 '영적' 지도력을 갖고 있다. 교사들에게 필요한 '영적' 지도력에는 다음과 특징이 있다.

(1) '영적' 지도력은 직책이 아니라 능력이요 역할이다. 교회학교 교사는 영적으로 긍정적인 영향을 끼칠 수도 있고 부정적인 영향을 끼칠 수도 있는 '영적' 지도력을 가지고 있다.

(2) '영적' 지도력은 군림하는 지도력이 아니라 섬기는 지도력이다. 이는 예수님께서 보여주신 지도력이다. 제자들에게 "… 나는 섬기는 자로 너희 중에 있노라"(눅 22:27)고 말씀하신 것처럼 예수님은 섬기는 지도력을 가지셨다. 섬기는 지도력은 소극적인 자세가 아니라 적극적인 자세이며, 교회학교 교사인 자신에게 주어진 책임을 어쩔 수 없이 감당하는 자세가 아니라 학습자들이 온전한 그리스도인이 되도록 섬기며 기쁨으로 최선을 다하여 봉사하고 인도하는 자세다.

(3) '영적' 지도력은 교회학교 교사의 본질이지 능력이 아니다. 그러므로 지도자가 실패하는 것은 능력이 없어서가 아니라 성품의 문제이다. '영적' 지도력을 발휘하기 위해서는 바울의 권면(고전 11:1)처럼 그리스도의 성

품을 본받아야 한다. 이러한 성품의 개발은 교회학교 교사에게 매우 중요하다. '영적' 지도력은 이미 완성된 것이 아니고 계속하여 완성되어 가는 것이다. 바울은 디모데전서 3장과 디도서 2장에서 지도력의 본질을 말하고 있는데 그 핵심은 '영적' 지도력은 어떤 사역을 하느냐에 있는 것이 아니라 어떤 사람이 되느냐에 있다.

영적 '지도력'

영적 '지도력'은 영적 사역에서 필요한 '지도력'을 말한다. 이러한 영적 '지도력'의 본질을 살펴보자.

(1) 영적 '지도력'은 탁월성을 필요로 한다. 탁월한 리더가 되기 위해서는 다른 사람이 하는 노력보다 더 많은 노력을 해야 한다. 탁월성은 어디서 개발할 수 있으며, 어떻게 개발할 수 있을까? 그 비결은 하나님과 함께 하는 것에서 시작한다. 왜냐하면 탁월성은 하나님의 속성이기 때문이다. 하나님은 이름이(시 8:1, 148:13), 자비와 인애가(시 36:7), 위대하심이(시 150:1), 구원이(사 12:2-5), 사역이(신 32:1-4), 사역방법이(삼하 22:31), 그 뜻이 뛰어나시다(롬 12:1-2).

다윗은 역대상 22장 5절에서 하나님은 모든 것 위에 뛰어나신 분이시므로 그가 거하실 성전은 "극히 웅장하여 만국에 명성과 영광이 있게" 해야 한다고 말하였다. 그러므로 영적 지도자인 교사는 뛰어난 교사가 되어 자신의 일에서 하나님의 이름을 드러내야 한다. 우리로 하여금 뛰어난 교사가 되도록 하기 위하여 하나님께서는 다음과 같은 여러 방법으로 역사하신다.

① 먼저 교사인 우리의 연약함을 깨닫게 하신다. 우리의 무능함을 깨닫게 하시고 "내 은혜가 네게 족하도다 이는 내 능력이 약한 데서 온전

하여짐이라 하신지라 그러므로 도리어 크게 기뻐함으로 나의 여러 약한 것들에 대하여 자랑하리니 이는 그리스도의 능력이 내게 머물게 하려 함이라"(고후 12:9)고 하셨다. 이는 나의 연약함을 깨달아 하나님을 의지함으로 하나님의 능력을 받게 하기 위한 것이다.

②다른 성도들의 기도를 통하여 역사하신다. 골로새 성도들은 에바브라의 기도로 굳게 서게 되었는데 바울은 말하기를 "(에바브라가) 항상 너희를 위하여 애써 기도하여 너희로 하나님의 모든 뜻 가운데서 완전하고 확신 있게 서기를 구(한다)"(골 4:12)고 하였다. 하나님은 성도들의 기도를 들으셔서 교회교육 지도자들의 사역 가운데 역사하신다.

③함께 말씀을 나누는 사람들을 통하여 역사하신다. 하나님께서는 믿는 성도들간의 영적인 교제를 통하여 서로의 "믿음이 부족한 것을 보충하게"(살전 3:10) 하신다. 좋은 교사의 배후에는 긴밀하게 교제할 수 있는 영적인 성도들이 있다.

④개인적인 성경연구를 통하여 역사하신다. 하나님께서는 성경이 교사들에게 지혜와 능력의 원천이 되게 하신다. "모든 성경은 하나님의 감동으로 된 것으로 교훈과 책망과 바르게 함과 의로 교육하기에 유익하니 이는 하나님의 사람으로 온전하게 하며 모든 선한 일을 행할 능력을 갖추게 하려 함이라"(딤후 3:16-17)고 말한 바울은 디모데에게 성경을 통하여 역사하시는 하나님의 능력을 강조한다.

⑤고난을 통하여 역사하신다. 그리스도인은 고난을 면하는 것보다 나에게 주어진 고난을 이길 수 있는 힘을 얻는 것이 중요하다. "모든 은혜의 하나님 곧 그리스도 안에서 너희를 부르사 자기의 영원한 영광에 들어가게 하신 이가 잠깐 고난을 당한 너희를 친히 온전하게 하시며 굳건하게 하시며 강하게 하시며 터를 견고하게 하시리라"(벧전 5:10)는 바울

의 말씀처럼 하나님은 고난을 통하여 선을 이루신다.

⑥ 온전한 삶의 열매에 대한 갈망을 주심으로 역사하신다. 하나님께서는 교사의 심령에 역사하셔서 영적 온전함을 갈망하게 하신다. 바울 사도는 "하나님의 뜻대로 하는 근심은 후회할 것이 없는 구원에 이르게 하는 회개를 이루는 것이요 세상 근심은 사망을 이루는 것이니라"(고후 7:10)고 하였다.

이러한 탁월함을 구함에 있어 그 동기가 무엇인지를 다시 점검하는 것이 필요하다.

첫째, 이러한 탁월함이 내 자신을 위한 것인지 아니면 주님을 위한 것인지를 살펴봐야 한다. 교사들의 탁월함에 대한 갈망은 주님을 위한 것이어야 하기 때문이다.

둘째, 모든 것에 온전하신 분은 오직 한 분 예수님밖에 없다는 사실이다. 교사가 비록 흠이 있으나 주님을 의지할 때 평강의 하나님께서 그의 뜻을 따라 교사로 하여금 선한 일을 행하기에 온전하게 해주신다(히 13:20-21).

(2) 영적 '지도력'은 적극성을 지닌다.

지도자는 어떤 일이 일어나기를 기다리는 자가 아니라 일을 만드는 자다. 모든 이스라엘 군사들이 두려움에 떨고 있을 때 소년 다윗은 어렸지만 적장 골리앗에게로 적극적으로 나아갔다. 역대하 11장 6절에서도 여부스 족속을 치러 먼저 올라가는 자가 두목이 되리라 했을 때 요압이 먼저 올라감으로 장수가 되었다. 이러한 리더의 적극성은 자신을 하나님께 드리는 데도 나타내야 한다. 지도자는 다음의 여러 측면에서 적극성을 행사해야 한다.

① 섬기는 데 적극적이어야 한다. 교회학교 교사는 하나님을 섬기는 일

과 가르치는 일에 적극적인 자세를 지녀야 한다.

②화해하는 데 적극적이어야 한다. 예수님께서 "그러므로 예물을 제단에 드리려다가 거기서 네 형제에게 원망들을 만한 일이 있는 것이 생각나거든 예물을 제단 앞에 두고 먼저 가서 형제와 화목하고 그 후에 와서 예물을 드리라"(마 5:23-24)고 말씀하신 것도 그리스도인의 삶이 화해하는 데 적극성을 뛰어야 함을 말한다. 화해를 먼저 청하는 것은 매우 어려운 일이다. 자존심 때문에 먼저 화해를 청하기 힘들다. 마귀는 성도들이 서로 화해하지 못하도록 방해하기 위하여 우리 마음에 들어와서 먼저 화해를 청하면 내 자신은 비굴해지고 다른 사람은 나를 깔볼 것으로 생각하게 한다. 그러나 자존심을 꺾고 먼저 화해하는 마음에 하나님께서 큰 기쁨을 주신다.

③지식을 구하는 데 주도적이어야 한다. "사람의 마음에 있는 모략은 깊은 물 같으니라 그럴지라도 명철한 사람은 그것을 길어 내느니라"(잠 20:5)고 하였다. 교회교육 지도자는 지식을 구하는 데 주도적인 자세를 가져야 한다. 더 나아가 지도자는 지식이 있는 사람을 찾아 그들로부터 배워야 한다. 이러한 적극성은 행동의 필요를 느끼는 마음이나 정신을 말한다.

리더가 이러한 주도권을 얻을 수 있는 가장 효과적인 방법은 다른 사람보다 '앞서 모든 것을 생각하는' 훈련을 하는 것이다. 곧 리더는 (i) 다른 사람보다 먼저 보고, (ii) 다른 사람보다 더 많이 보고, (iii) 다른 사람보다 더 멀리 보는 사람이다.

'앞서 생각할 때'의 장점에는 두 가지가 있다.

첫째, 리더로 하여금 어려움을 피하도록 해준다. 미리 생각함으로 다가올 올무와 함정을 피하게 해준다. 이것을 하면 어떤 결과가 올 것인데, 나는 그 결과를 원하는가? 그것을 원하지 않는다는 결론에 이르게 되면 그 일을 하지 않게 된다.

둘째, 먼저 생각함으로 리더는 목표를 세울 수 있을 뿐 아니라 그 목표를 성취할 수 있는 최선의 방법을 생각하게 된다. 이러한 생각을 하게 되면 리더는 말씀과 기도로 하나님과 교제를 가지게 될 것이다. 그 이유를 바울은 "하나님의 어리석음이 사람보다 지혜롭고 하나님의 약하심이 사람보다 강하"(고전 1:25)기 때문이라고 설명한다.

(3) 영적 '지도력'은 창의성을 발휘한다.

이러한 창조성 때문에 지도자가 대중보다 앞장을 서게 된다. 지도자는 새로운 것을 시도하기를 주저하지 말아야 한다. 많은 사람들이 창의성을 버리고 산다. 성경에서 걷지 못하는 친구를 지붕에서 집안으로 내려 예수님으로부터 고침을 받게 한 네 친구들에게서(마 2:2-5) 창의성을 배울 수 있다. 그들은 사람이 많아 예수님께 다가갈 수 없을 때도 포기하지 않고 예수님께 나아갈 방법을 찾았다.

그러면 교회학교 교사가 창의성을 가질 수 있는 비결은 무엇인가? 첫째, 합당한 마음을 가짐으로. 둘째, 지속적으로 더 나은 방법을 추구함으로. 셋째, 생각하는 훈련을 함으로. 넷째, 개방된 마음으로 담대하게 기도함으로. 다섯째, 하나님께서 보여주시는 새로운 것을 용감하게 시도함으로. 여섯째, 가장 근본적인 것은 창조성이 풍부하신 하나님과 항상 긴밀하게 교제함으로 창의성을 얻을 수 있다. 그 이유는 "만물이 그에게서 창조되되 하늘과 땅에서 보이는 것들과 보이지 않는 것들과 혹은 왕권들이나 주권들이나 통치자들이나 권세들이나 만물이 다 그로 말미암고 그를 위하여 창조되었"(골 1:16)기 때문이다. 그러므로 창조적인 사람이 되려면 하나님과의 교제에 많은 시간을 투자해야 한다. 이는 다음

〈그림 18〉과 같이 표시할 수 있다.

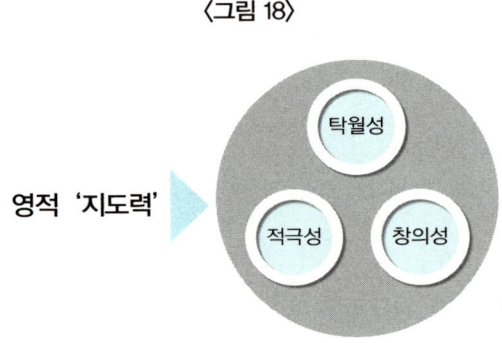

〈그림 18〉

제8장
교회교육과 제자훈련

성도들을 영적으로 성숙하게 하는 방법은 무엇인가? 이러한 방법은 교회가 무엇을 어떻게 실천하고 있는가를 살펴봄을 통하여 드러난다. 성도들의 신앙성숙에 관심을 가진 교회지도자들은 성경 중심으로 그들을 가르친다. 이 말은 성경교육이 성도들의 신앙을 성숙하게 할 수 있음을 의미한다. 신앙성숙을 이루는 이러한 성경교육의 핵심적인 교회사역은 제자훈련이다.

제8장

교회교육과 제자훈련

교회교육은 이론과 함께 하는 실천이다. 곧 교회교육은 성경지식을 전하여 성경적 세계관을 형성하는 것이 핵심목표다. 이 장에서는 교회교육의 중요한 부분인 실천으로서의 제자훈련을 살펴본다.

교회교육과 교회사역

교회는 생명이 없는 기관이 아니라 살아있는 유기체이다. 유기체란 그 자체에 주어진 일을 가지고 있으며, 스스로 그 일을 할 수 있는 살아있는 존재다. 그것이 유기체의 본질이요 또한 사역이다. 교회는 유기체로서 그 나름대로의 본질이 있고, 또한 독특하게 주어진 사역이 있다.

이러한 교회의 사역은 무엇인가? 겐젤(K. O. Gangel)은 교회의 사역으로 네 가지 곧 예배(엡 1:12-13, 3:21), 교제(엡 3:21, 요일 1:3), 전도 또는 섬김(엡 3:8, 행 8:4), 교육(마 28:19-20, 엡 4:11-16)을 제시한다. 다음 〈그림 19〉와 같다.

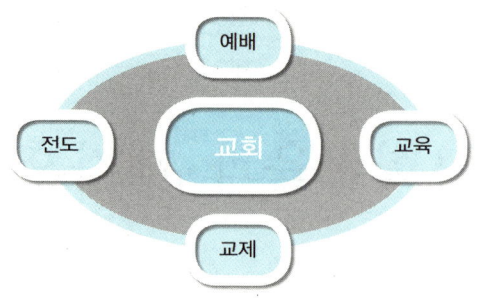

〈그림 19〉 교회의 사역

힐(E. V. Hill)은 이러한 현대교회의 사역을 교육적 관점에서 본다. 그는 교회의 사역을 설명함에 있어 다이아몬드 형태를 가진 야구장 내야의 모습을 비유로 든다. 즉, 1루는 전도교육으로 사람들로 하여금 예수 그리스도에게 헌신하게 함을 나타낸다. 2루는 교제교육으로 하나님과 다른 이웃들과의 교제를 나타낸다. 3루는 섬김의 교육으로 하나님과 이웃과 세계를 위한 섬김을 나타낸다. 네 번째 홈 베이스는 왕국의식으로 성도들은 하나님과 하나님의 통치에 소망을 둠을 나타낸다. 위에 나타나는 것과 같이 겐젤과 힐 모두가 교회의 사역을 말함에 있어 '교육'을 하나의 핵심적인 요소로 제시한다. 그것은 교육이 교회사역에서 중요한 요소임을 말해주는 것이다.

교회교육과 영적 성숙

누구나 일을 할 때는 의도성을 가지고 그 무엇을 성취하려고 한다. 이러한 의도성을 가지고 성취하려는 그 무엇이 바로 '목적'이다. 그리고 그것을 성취하고자 하는 의도는 '목적의식'이다. 목적의식이 없으면 아무것도 성취할 수 없다. 그 이유는 성취할 것 곧 목표가 없기 때문이다.

일에는 목적이 있어야 성취동기가 생기고, 또한 일에 대한 평가도 할 수 있다. 그리고 목적을 설정하기 위해서는 현재의 위치에 대한 인식이 전제되어야 한다. 왜냐하면 목적이란 현재 그렇지 못하지만 어떠한 일을 통하여 변화하여 새로운 어떤 상태에 이르고자 하는 것이기 때문이다.

그리스도인들은 무엇을 성취하려고 하는가? 구원? 천국에 들어감? 거룩한 삶? 아니면 세상에서의 성공? 그러나 그리스도인이 보람을 가지고 살 수 있도록 하는 목표는 소요리문답의 첫 번째 물음이 준다. 1문에서는 '사람에게 있어서 첫째의 목적은 무엇인가?'라고 묻고 그 대답으로 '하나님을 영화롭게 하고 그를 영원토록 즐거워하는 것'이라고 한다. 이 소요리문답에서 교회의 목적, 교회교육의 목적, 인생의 목적을 유추할 수 있다. 곧 교회와 교회교육 그리고 성도의 목적은 하나님을 영화롭게 하고 그를 영원토록 즐거워하게 하는 것이다.

어떻게 하면 이러한 목적을 이룰 수 있는가? 교회는 교회교육을 행함으로 그 목적을 이룰 수 있다. 즉, 교회교육의 목적은 성도들과 교회로 하여금 그 목적을 성취하게 하는 것이다. 이 교회교육의 목적을 좀 더 구체적으로 살펴보자. 다시 말하면 교회교육의 구체적인 목적은 무엇인가? 교회교육은 성도들로 하여금 회심하여 구원을 얻게 하는 것을 목적으로 해야 하는가, 아니면 경건한 삶, 성결한 삶을 그 목적으로 해야 하는가? 결론을 말하자면 교회교육은 성도들의 영적 성숙을 그 목적으로 해야 한다. 그 근거는 어디에서 찾을 수 있는가? 사도 바울이 에베소 교회에 보낸 서신에서 찾을 수 있다(엡 4:13-14). 즉, 신약시대에 하나님께서는 교회에 네 가지 직분자들을 허락하셨다. 그 직분자는 '사도, 선지자, 혹은 복음 전하는 자, 혹은 목사와 교사'이다. 하나님께서 교회에 왜 이러한 다양한 직분자들을 허락하셨을까? 그 이유를 바울은 다음과 같이 말한다. "우리가 다 하나님의 아들을 믿는 것과 아는 일에 하나가 되어 온전한 사람을 이루어 그리스도의 장성한 분량이 충만한 데까지 이르리니 이는 우리가 이제부터 어린아이가 되지 아니하여 사람의 속임수와 간사한 유혹에 빠져 온갖 교훈의 풍조에 밀려 요동하지 않게 하려 함이라".

여기에서 '그리스도의 장성한 분량이 충만한 데까지' 이르게 한다는 것은 영적으로 성숙하게 함을 말한다. 그러면 영적 성숙이란 구체적으로 무엇을 말하는가? 다시 말하면, 어떤 상태에 있는 성도를 영적으로 성숙한 성도라고 말할 수 있는가? 윌호이트는 영적 성숙의 특징으로 다음의 네 가지를 제시한다. 첫째는 성숙은 개인의 영적 자율로 나타난다. 로마서 12장 1절에 기록된, 하나님이 기뻐하시는 산 제사로 드릴 수 있는 능력이 영적 자율인 것이다. 이러한 능력을 가진 사람이야말로 책임 있는 존재이기도 하다. 둘째는 영적 완전성으로 나타난다. 성경에서는 완전이라는 단어 대신에 온전이라는 단어를 사용하고 있는데 완전성이라는 단어가 좀 더 현대적 감각을 지닌 단어라 할 수 있다. 이러한 완전성은 영적 헌신에서 오는 것이다. 신명기 6장 5절 곧 "너는 마음을 다하고, 뜻을 다하고 힘을 다하여 네 하나님 여호와를 사랑하라"는 말씀에 영적 완전성이 잘 나타나 있다. 사람이 정말로 영적으로 완전할 수 있는가? 예수님은 마태복음 5장 48절에서 그 대답을 주신다. "하늘에 계신 너희 아버지의 온전하심과 같이 너희도 온전하라"는 말씀은 성도들이 영적으로 완전해질 수 있음을 함의하고 있다. 세 번째는 영적 안정성이다. 에베소서 4장 14절에서는 영적 안정성의 의미와 그 필요성을 말하고 있다. 즉, 어린아이가 되지 아니하여 사람의 속임수와 간사한 유혹에 빠져 온갖 교훈의 풍조에 밀려 요동하지 않게 하기 위함이다. 즉 신앙이 성숙하였다는 것은 주위 환경에 의하여 요동하지 않음을 말하는것이다. 특히 여기에 사용된 '요동한다'는 말은 '타협하다'라는 의미가 포함되어 있다. 세상과 타협하지 않는 이러한 영적 성숙은 짧은 기간에 이루어질 수 없고 많은 시간을 필요로 하며, 시험과 시련을 거침으로 얻게 된다. 마지막으로, 성숙한 그리스도인은 지식을 현명하게 사용하는 사람이다. 히브리서 기자는 "단단한 음식은 장성한 자의 것이니 그들은 지각을 사용함으로 연단을 받아 선악을 분별하는 자들이니라"(히 5:14)고 하였다. 즉, 신앙의 본질을 이해하고 이 진리를 삶에 적용하는 사람이 장성한 사람이요, 또한 성숙한 사람이다. 교회는 어떻게 성도들을 이러한 성숙한 사람으로 자라게 할 수 있을까? 어떤 방법과 수단으로 이러한 성숙한 사람을 만들 수 있을까? 교회는 교회교육의 한 수단인 제자훈련을 통하여 성도들로 하여금 이러한 특징들을 갖게 한다.

영적 성숙과 제자훈련

그러면 성도들을 영적으로 성숙-영적 자율성, 영적 완전성, 영적 안정성, 영적 진리의 사용-하게 하는 방법은 무엇인가? 이러한 방법은 교회가 무엇을 어떻게 실천하고 있는가를 살펴봄을 통하여 드러난다. 성도들의 신앙성숙에 관심을 가진 교회지도자들은 성경 중심으로 그들을 가르친다. 이 말은 성경교육이 성도들의 신앙을 성숙하게 할 수 있음을 의미한다. 신앙성숙을 이루는 이러한 성경교육의 핵심적인 교회사역은 제자훈련이다. 제자훈련 시간에는 무엇을 하는가? 교회 지도자는 제자훈련 시간을 통하여 성경을 가르친다. 성경을 가르친다는 것은 무엇을 의미하는가? '성경을 알게 하는 것'이다. 그러면 '성경을 안다'는 것은 무엇을 의미하는가? 성경에서 '안다'는 것은 우선적으로 인지적 지식을 갖게 함을 의미한다. 제자훈련의 우선적인 목적은 성도들로 하여금 성경지식을 얻게 하는 것이다. 묵상을 하든, 말씀을 삶에 적용하든 성경지식이 없이는 어떤 신앙적인 지적, 정서적, 의지적 활동도 가능하지 않다. 둘째로, 성경에서 '안다'라는 단어의 의미는 '믿는다'는 것과 같은 의미이다. 일반적으로 '안다'는 것은 인지적 지식을 의미하는 것으로 어떠한 명제에 대하여 '믿는 것'을 포함한다. 물론 이 말은 명제에 대한 믿음을 의미하는 것이지 명제의 내용을 믿는다는 것을 의미하는 것은 아니다. 셋째로, 성경에서 '안다'는 것은 '행동'을 의미한다. 사도 바울은 고린도후서 5장 21절에서 "하나님이 죄를 알지도 못하신 이를 우리를 대신하여 죄로 삼으신 것은"이라고 말하고 있는데, 여기에서 '알지도 못하신'이라는 것은 예수님께서 죄라는 것을 지식적 차원에서 알지 못하셨다는 것이 아니다. 왜냐하면 전지하신 하나님께서 알지 못하시는 것은 없기 때문이다. 그러므로 예수님께서 죄를 알지 못하셨다는 것은 죄에 대하여 "경험함으로 얻은 지식"이 없다는 것으로 곧 죄를 지으신 적이 없다는 의미이다. 곧 예수님께서는 죄를 짓지 않으신 분임을 말한다. 따라서 성경을 가르쳐서 알게 하기 위해서는 지정의의 모든 측면에서 탐구가 있어야 한다. 성경에서 '안다'고 하는 것은 어떠한 한 측면에서의 지식을 의미하는 것이기보다는 완전하고 통합적이고 통전적인 지식을 의미한다. 창세기 4장 1절은 "아담이 그의 아내 하와와 동침하매"라고 말하는데, 흠정역 영어성경에서는 "아담이 그의 아내를 알매"라고 표현한다. 이 구절에서 '안다'는 것은 '한 사람이 다른 사람에게 자신의 모든 것을 주는 것'을 의미한다. 곧 성경적으로 '안다'는 것은 외적으로만 안다는 것을 의미할 뿐 아니라 내적 측면에서의 앎(지식)을 포함한다. 그리고 히브리어로 '안다'고 하는 단어는 '지정의의 통합'을 의미한다. 그러므로 성경에서

이 단어가 사용되었을 때는 사고, 감정, 행위라는 세 측면을 다 포괄한다. 따라서 성경에서 '안다'는 것은 총체적이고 통전적인 지식을 뜻한다.

패커(J. I. Packer)도 이와 유사한 구분을 하고 있다. 그는 "왜 우리를 창조하셨는가? 하나님을 알게 하기 위함이다. 우리의 삶의 목적은 무엇이 되어야 하는가? 하나님을 아는 것이어야 한다. 예수님께서 주신 '영생'이란 무엇인가? 하나님을 아는 지식이다. 요한은 '영생은 곧 유일하신 참 하나님과 그가 보내신 자 예수 그리스도를 아는 것이니이다'(요 17:3)라고 하였다. 무엇이 사람들의 삶에 최고의 기쁨과 희락 그리고 만족을 주는가? 하나님을 아는 지식이 준다"고 하였다. 예레미야 선지자는 "여호와께서 이와 같이 말씀하시되 지혜로운 자는 그의 지혜를 자랑하지 말라 용사는 그의 용맹을 자랑하지 말라 부자는 그의 부함을 자랑하지 말라 자랑하는 자는 이것으로 자랑할지니 곧 명철하여 나를 아는 것과 나 여호와는 사랑과 정의와 공의를 땅에 행하는 자인 줄 깨닫는 것이라"(렘 9:23-24). 여기에서 사용된 '안다'는 단어에도 세 가지 의미가 포함되어 있다. 첫째, 인격적인 관계이다. 즉, 인격적인 관계란 상대방에 '관한' 지식 이상의 것이다. 하나님에 '관한' 지식은 하나님을 신뢰함에 있어서 필요조건이다. 둘째, 개인적인 관계이다. 즉, 여기에는 지정의를 모두 포함한다. 셋째, 은혜다. 즉 하나님과 우리의 관계는 하나님이 주관하신다. 우리가 하나님과 친구가 되는 것이 아니라, 하나님께서 우리와 친구가 되시는 것이다. 그는 또한 하나님을 아는 지식이 많지 않아도 하나님에 관하여 많은 지식을 가질 수 있다고 말함으로써 인지적인 지식(하나님에 관한 지식)과 실천적인 지식(하나님을 아는 것)을 구분하고 있다.

패커는 하나님을 아는 것은 세 가지를 내포하고 있다고 말한다. 즉, 첫째, 하나님의 말씀을 듣고 자신에게 적용함에 있어서 그것을 성령께서 해석해 주시는 대로 받아들이는 것이고, 둘째, 하나님의 말씀과 사역이 드러내는 대로 하나님의 본질과 성품을 깨닫는 것이며, 셋째, 하나님의 초청을 받아들이고 그가 말씀하시는 것을 행하는 것이며, 넷째, 하나님께서 사람에게 다가오시며 그와 교제를 나누도록 이끌어 주시는 사랑을 인식하고 즐거워하는 것이다.

제자훈련은 하나님의 말씀을 통하여 성도들로 하여금 더욱 성숙하게 한다. 그 이유에 대하여 사도 바울은 하나님의 말씀이 그 말씀을 가진 사람 속에서 역사 곧 변화를 일으키기 때문이라고 한다. "이 말씀이 또한 너희 믿는 자 가운데에서 역사하느니라"(살전 2:13하). 말씀을 읽을 때 그 말씀이 읽는 사람의 마음에 부딪쳐옴으로 변화가 일어난다. 말씀을 들을 때 이전에는 깨닫지 못했던 것을 깨달음으로 변화가 일어난다. 암송하는 구절이 그 당시에는 큰 영향을 주지 않는다고 하더라도 어느 순간 그 말씀이 마음속에서 역사하여 성도들의 마음에 변화를 일으킨다. 따라서 말씀을 읽고, 듣고, 암송하는 제자훈련을 통하여 성도들은 영적으로 성숙하여 간다.

제자훈련과 성경교수

제자훈련을 할 때는 목표를 가지고 한다. 분명한 목표가 없다고 해도 흐릿하게나마 그 어떤 바람을 가지고 있다. 그 목표는 대체로 '좋은 그리스도인이 되는 것'이라고 할 수 있다. '좋은 그리스도인'이라고 하는 것은 하나의 이상이다. 그러나 제자훈련을 통하여 성취하려는 목표는 "온전한 성도, 봉사하는 성도, 그리스도의 몸을 세우는 성도"(엡 4:12)다. 무엇을 통하여 이러한 성도가 될 수 있는가? 여러 가지 대안이 있을 수 있으나 가장 핵심적인 것은 말씀에 대한 지식이다. 사도 바울은 "우리가 다 하나님의 아들을 믿는 것과 아는 일에 하나가"(엡 4:13) 된다고 말함으로써 말씀에 대한 지식에 의하여 성도들이 '온전한 사람'이 된다는 것이다.

성도들이 그리스도 안에서 성숙하여 가도록 하나님께서는 교회에 목사인 교사를 세우셔서 그리스도와 하나님을 알도록 교육하게 하셨다. 그러므로 그리스도인들이 그리스도와 하나님을 알도록 하는 것이 교회교육을 책임진 교회지도자가 추구하는 목표이다. 패커는 하나님을 아는 것과 하나님에 관하여 아는 것 중에서 '하나님에 관하여 아는 것'이 전제조건이요 필수조건이라고 말함으로써 교육에서 가장 먼저 해야 하고 가장 강조되어야 할 것은 인지적인 지식을 갖는 것임을 말한다. 하나님을 실천적으로 알고 그분을 믿기 위해서는 인지적인 지식이 먼저 있어야 함을 바울도 말하고 있다. 바울 사도가 로마의 성도들에게 쓴 편지에서 "그런즉 그들이 믿지 아니하는 이를 어찌 부르리요 듣지도 못한 이를 어찌 믿으리요 전파하는 자가 없이 어찌 들으리요"(롬 10:14)라고 말한 것은 인지적 지식의 중요성을 말한다. 인지적 지식 곧 어떤 사실에 대한 지식이 선행할 때에야 그 사실을 신뢰할 수 있다. 하나님을 알기 위해서는 하나님에 '관한' 지식이 먼저 있어야 한다. 곧 사실에 '관한' 지식이 '총체적인' 지식의 전제조건인 것이다.

제자훈련도 마찬가지이다. 제자훈련을 통하여 추구하는 것은 영적 성숙이다. 이러한 영적 성숙은 성경에 관한 지식, 올바른 이해, 그리고 올바른 적용을 포함한다. 그러나 이러한 여러 요소 중에서도 제자훈련에서 가장 선행해야 할 것은 성경에 '관한' 지식을 가르치는 것이다. 바울이 로마서에서 말한 것과 같이 성경을 믿기 위해서는 성경에 '관한' 지식이 있어야 한다. 성숙한 그리스도인으로 살기 위해서는 성경에 '관한' 지식이 있어야 한다. 물론 성경에 관한 많은 지식이 성숙한 그리스도인의 삶을 보장해 주지는 않는다. 즉, 충분조건은 되지 못한다. 그러나 필요조건이다. 이 말은 성경지식이 없이는 성숙한 그리스도인으로 살기 어렵다는 것이다.

성경교수의 이유

성경교수의 이유에 대한 근거로 히브리서 4장 12절을 말할 수 있다. "하나님의 말씀은 살아있고 활력이 있어 좌우에 날선 어떤 검보다도 예리하여 혼과 영과 및 관절과 골수를 찔러 쪼개기까지 하며 또 마음의 생각과 뜻을 판단하나니". 이는 하나님의 말씀이 역사하는 곳에는 변화가 일어난다는 말이다. 이러한 변화는 가르치는 사람이 효과적으로 가르쳤기 때문이라기보다 하나님의 말씀 '그 자체가 내포하고 있는 능력 곧 활력' 때문이라고 말하는 것이 더 옳다. 물론 가르치는 교사가 좀 더 이해하기 쉽고 재미있게 가르침으로써 좀 더 효율적으로 교육할 수는 있다. 그러나 이러한 효율성은 효과적인 교육의 이차적인 요인이지 일차적인 요인은 아니다. 사도 바울은 고린도교회에 보낸 편지에서 "나는 심었고 아볼로는 물을 주었으되 오직 하나님께서 자라나게 하셨나니 그런즉 심는 이나 물 주는 이는 아무 것도 아니로되 오직 자라게 하시는 이는 하나님뿐이니라"(고전 3:6-7)고 하였다. 이 구절이 의미하는 것은 사람의 방법도 중요하나 더 중요한 것은 하나님 말씀의 역사라는 것이다. 여기에서 강조되어야 할 것은 무엇이 핵심적인 것이며 무엇이 부차적인 것인가를 구별해야 한다는 것이다. 핵심적인 것은 효과성과 관련이 있고 부차적인 것은 효율성과 관계가 있다. 그러므로 효율보다 효과가 앞서야 한다. 따라서 어떻게 효율적으로 제자훈련을 시켜야 할 것인가보다 어떻게 효과적으로 제자훈련을 시켜야 할 것인가가 앞서야 한다. 곧 능력 그 자체인 하나님의 말씀에 대한 지식이 선행되어야 한다. 디모데후서 3장 15절에서 "또 어려서부터 성경을 알았나니"에서 '알았나니'는 성경에 대한 지식을 의미한다. 왜냐하면 유대인들은 자녀들이 5살이 되면 "네 자녀에게 부지런히 가르치며 집에 앉았을 때에든지 길을 갈 때에든지 누워 있을 때에든지 일어날 때에든지 이 말씀을 강론"(신 6:7)하였는데, 이 구절은 구약의 율법들에 대한 지식을 자녀들에게 가르침을 뜻하는 것이기 때문이다. 유대인들은 이렇게 하나님의 말씀에 대한 지식을 자녀들이 어렸을 적부터 가르쳐 그들이 평생토록 말씀을 떠나지 않고 하나님을 경외하며 살게 하였다(잠 22:6). 지금 시대에도 그리스도인들이 하나님의 도를 떠나지 않고 말씀 안에서 살게 하려면 먼저 하나님의 말씀이 무엇을 말하고 있는지 곧 말씀에 대한 지식을 가르쳐야 한다.

성경교수의 내용

성경지식은 성경을 가지고 공부하거나 혹은 성경을 특정한 주제에 따라 편집한 교재를 공부함으로써 얻을 수 있다. 제자훈련의 교재도 그 종류가 다양한데 그것을 내용별로 분석해보면 책별, 인물별, 교리별의 세 가지로 나타난다. 이러한 형태의 제자훈련 교재의 대표적인 것으로는 스트링펠로우가 저술한 「일년 성경완결판」이 있다. 제1권은 책별 교재로서 성경연구의 기초를 배워 성경 전체의 구조를 이해하도록 하고 있다. 제2권은 성경인물 편으로 하나님께서 그의 주권적 뜻과 목적을 이루시기 위하여 사람들을 어떻게 사용하시는지를 깨닫게 한다. 그리고 제3권은 성경의 중요한 교리 편으로 성경구조와 인물에 영적인 힘을 더하여 준다. 제자훈련도 이와 같이 책별, 인물별, 교리별 공부를 통하여 성경지식을 전수할 수 있다. 이와 같은 방법으로 공부할 수 있도록 만든 몇 가지 교재들이 있다. 대략적으로 말하면, 각 권별로 1년에 마칠 수 있도록 각기 52주로 되어 있다.

성경교수의 방법

성경교수의 방법은 다양하다. 성경교수는 대상에 따라서 그 방법을 달리한다. 교수 주체의 능력과 성격에 따라서도 달라진다. 교수하고자 하는 내용에 따라서도 달라진다. 교수하는 환경에 따라서도 달라진다. 교수하는 시간의 길이에 따라서도 달라진다. 그러나 일반적인 관점에서 성경교수 방법을 구분한다면 다음과 같은 네 가지의 방법으로 구분할 수 있다.

첫째, 강의식 교수방법이다. 이것의 장점은 짧은 시간에 많은 내용을, 많은 사람들에게 전하는 데 있다. 그러나 이 방법은 때로는 사람들로 하여금 지루함을 느끼게 하며, 또한 그들이 강의내용을 잘 이해했는지 알 수 없다는 단점이 있다. 이러한 형식의 제자훈련 교재 중에서 우리에게 많이 알려진 교재로는 미국 인디애나폴리스의 헤리 웬트 목사의 「크로스웨이 성경연구」와 한국 베델성서 연구원에서 출판한 「베델성서 연구」가 있다.

둘째, 단답식 교수방법이다. 이러한 방법의 공부는 질문이 주로 '누가, 언제, 어디서, 무엇을'이라는 질문과 함께한다. 이것의 장점은 성경을 찾게 하고, 기초적인 지식이 없는 사람도 두려움 없이 제자훈련에 참여할 수 있게 해준다는 점이다. 그러나 답을 찾아내는 데 그침으로써 말씀에 대한 이해와 깨달음을 전제로 하지 않는다는 단점을 가지고 있다. 이러한 형식의 제자훈련 교재로는 1960년대와 70년대에 청년 제자훈련의 기본교재로 많이 사용되었던 네비게이토 선교회에서 출판한 「그리스도인의 생활연구」 10권, 「그리스도의 제자가 되는 길」 6권, 한국대학생 선교회에서 출판한 「신앙생활의 성장을 위한 10단계 성서교재」 등이 있다.

셋째, 토의식 교수방법이다. 이러한 방법의 공부는 주로 '왜', '어떻게'로 시작하는 질문으로 시작한다. 이것의 장점은 깊이 생각하게 하여 깨닫게 한다는 점이다. 그러나 초신자들은 이러한 공부에 참여하기를 두려워하며 또한 이러한 교수방법은 많은 시간을 필요로 한다는 단점을 가지고 있다. 현재 청년들의 모임에서 하는 그룹성경공부(GBS)가 주로 이러한 교수방법을 택하고 있다. 이러한 형식의 제자훈련 교재로는 한국기독학생회 출판부에서 발간한 「말씀과 삶」 제자훈련 시리즈, 두란노서원에서 출판한 「생활제자훈련」 등이 있다.

넷째, 절충식 교수방법이다. 곧, 설명과 같은 강의식으로 진행하다가 어느 정도를 이해하고 있는지 알아보기 위하여 중간중간에 질문을 하는 문답방법을 사용한다. 그리고 어떤 부분에 대해서는 참여하는 회원들로 하여금 각자 개인의 생각을 말하게 하는 토의식도 겸하여 사용한다.

오늘날 성도들의 성경지식에 대한 현실은 어떠한가? 1980년 미국의 10대들을 대상으로 한 갤럽조사에 나타난 것을 보면 모든 10대들의 29% 그리고 예배에 정기적으로 출석하는 청소년의 20%가 부활절이 무엇을 기념하는 것인지를 모르는 것으로 나타났다. 믿음이 있음을 고백하지만 무엇을 믿는지 모르고 믿는 것이 현대교회의 현실이다. 우리라고 예외가 될 수 있을까?

오늘날 그리스도인들의 문제점은 무엇인가? 오늘의 성도들이 당면한 문제는 그리스도인의 신앙과 삶 사이의 괴리다. 왜 이러한 성경고백과 삶 사이에 괴리가 생기는 문제가 일어나는가? 그것은 성경에 대한 고백은 있으나 성경에 대한 지식이 없기 때문이다. 초대 한국교회는 제자훈련을 강조하였다. 그때의 제자훈련은 성경지식 전달 중심이었다. 이러한 지식전달 중심의 교육으로 한국교회는 크게 부흥하였다. 이는 성경지식이 교회와 성도들을 변화시키는 원동력이 됨을 말하는 것이다. 당시의 새신자들을 대상으로 하는 성경연구반에서는 기독교의 기본진리를 가르쳤다. 그 교육내용으로는 ① 그리스도는 누구시며, ② 언제, 어디서, 어떻게 사셨으며, ③ 언제, 어디서, 어떻게 죽으셨으며, ④ 그리스도께서 가르치신 것이 무엇인가와 같은 지식전수 제자훈련이었다. 이외에도 가정학습용 교육과정인 성경통신반을 통하여 지식 중심의 제자훈련을 하였다. 지식을 전수하는 교육이었지만 성도들의 열심은 대단했다. 거리가 먼 것이 제자훈련을 받는 데 걸림돌이 되지 않았다. 로즈는 다음과 같이 말한다. "어떤 사람들은 320킬로미터를 걸어왔다…… 1910년 서울의 한 반에는 동해안의 강릉에서부터 14명이 320킬로미터를 걸어왔다. 그리고 등록비, 기타 모든 경비를 자신이 부담하였는데 이는 단지 성경을 공부하기 위한 것이었다." 성경말씀이 한국 성도들을 전도의 열기로 불붙게 만들었다. 성경말씀 그 자체가 성도를 변화시키는 것이지만 성경지식이 하나의 도구로 사용된 것이다. 이제는 성경지식 전수 중심의 제자훈련에서 말씀의 이해와 삶에의 적용 중심의 제자훈련이 되어야 한다.

교회교육과 성경전수

현대 교회는 성경전수를 중심으로 하기보다는 이벤트성 집회, 청소년들을 위한 감성집회, 청년들을 위한 관계집회, 그리고 문제해결을 위한 상담사역 훈련 등에 많은 관심을 가지고 있다. 그러면 교회에서 왜 성경지식보다 다른 요소들에 관심을 가지고 있는가?

그 이유 중 하나는, 성경에 대한 사실적 지식이 사람의 삶을 변화시키기에 빈약하며 효력이 없다고 생각하기 때문이다. 왜 이러한 생각을 하게 되었을까? 종교의 본질을 사람들의 심령에 호소하기보다는 생체 내 분비선에 자극을 주는 감정에 호소하는 것이 더 큰 영향을 준다고 생각하기 때문이다. 이러한 것은 성경말씀에 대한 신학적인 차이에서 온다고 생각된다. 성경말씀 하나하나를 하나님의 말씀으로 보는가, 아니면 우리로 하여금 하나님을 발견하게 해주는 안내서 정도로 보는가? 관점의 차이에 따라 성경말씀 그 자체를 강조할 수도 있고 말씀 자체보다는 경건한 삶만을 강조할 수도 있다.

이제 성경을 가르치는 사람의 기본적인 생각에 변화가 와야 한다. 가르치는 사람이 자신의 능력으로 사람들이 변화될 수 있다고 생각할 것이 아니라 우리는 하나의 도구로서 능력 그 자체인 하나님의 말씀을 전하는 자라는 생각을 해야 한다. 그러할 때 성령께서 역사하신다. 능력의 말씀 그 자체를 교수하는 제자훈련이 필요하다. "나는 심었고 아볼로는 물을 주었으되 오직 하나님께서 자라나게 하셨나니 그런즉 심는 이나 물 주는 이는 아무 것도 아니로되 오직 자라게 하시는 이는 하나님뿐이니라"(고전 3:6-7). 이를 위해서는 올바른 교회교육의 실천인 제자훈련이 정립되어야 한다.

제9장
교회교육과 성장

교회성장은 성경적이어야 한다. 성경적이라는 말은 교회성장은 교회의 본질과 조화되어야 한다는 의미이다. 교회의 본질은 예수님의 사역에서 찾을 수 있다. 곧 마가복음 1장에 나타난 예수님의 사역인 ①복음전파 ②가르침 ③치유 ④기도 등이 교회본질의 핵심이 되어야 한다. 이러한 사역은 교회가 목표로 추구해야 할 본질인 동시에 지난 이천 년 교회의 역사와 해방 이후 한국교회의 역사를 볼 때, 교회가 이러한 본질을 추구할 때에야 비로소 참된 성장을 하게 됨을 보여준다.

제9장

교회교육과 성장

　조선조 말의 암울하였던 국가적, 사회적 상황 가운데서도 한국 땅에 뿌려진 복음의 불씨는 뜨겁게 타올랐다. 그 복음의 불씨는 한국교회를 놀랍게 성장시켜 한국교회는 '선교역사의 기적'이라 불렸다. 한국교회의 이러한 급성장의 주된 원인은 성경을 근본으로 한 교회교육이다.

　그 후 힘들었던 일제강점기를 거쳐 해방을 맞이한 1950년대는 6.25동란으로 말미암은 혼란 때문에, 1960년대는 4.19와 5.16 등 정치적인 혼란으로 교회는 크게 성장하지 못하였다. 그러다가 1970년대의 대규모 전도집회(1973년 빌리 그래함 전도집회, CCC 엑스플로 '74 전도집회, 1977년 복음화 대성회, 1980년 복음화 성회 등)와 함께 청년 중심의 전도기관(CCC, 네비게이토, 죠이 미션, 예수전도단 등)들의 활성화로 말미암아 양적 성장이 이루어졌으며, 1980년대는 제자훈련을 통하여 양적 성장을 질적 성숙으로 변화, 정착시켰다. 그러나 1990년대부터 한국교회도 유럽의 노쇠하고 쇠퇴해가는 교회처럼 차츰 정체와 감소세로 돌아섰다. 구체적으로 말하면, 해방 이후 우리나라의 인구는 20,188,641명(1949년)이었으나 최근의 통계치인 2005년에는 47,041,434명으로 인구성장비율은 2.33배에 이르렀다. 그러나 통계청에서 발표한 내국인의 인구수는 1944년부터 10년 단위로, 종교인의 수치는 1985년 이후부터 10년 단위의 수치[1]인데 그 구체적인 수치는 다음의 〈표1〉과 같다.

〈표1〉 전체 인구수 및 종교인 인구수

연도	내국인 인구수	종교인 인구수	개신교 인구수	천주교 인구수
1944	25,900,142			
1955	21,502,386			
1966	29,159,640			
1975	34,706,620			
1985	40,448,486	17,203,296	6,489,282	1,865,397
1995	44,608,796	22,597,824	8,760,336	2,950,730
2005	47,278,951	24,970,766	8,616,438	5,146,147

과거 10년간의 국내 주요 교단들의 교인 수 통계는 다음의 〈표2〉와 같다.

---

1) www.kosis.kr 국내통계 -> 인구·가구 -> 인구총조사 -> 인구부문 -> 총조사 인구(2014). 통계청이 가지고 있는 우리나라의 인구통계는 1925년도부터 시작되었고 인구수는 19,325,461명이다. 해방 전 해인 1944년 통계에서는 25,900,142명이다. 도별/성/가구/연령 등에서 시작하여 해방 후 처음 실시한 1949년에는 전체 인구가 20,188,641명이다. 2015년의 인구는 추정치만 나와 있다.

<표2> 주요 교단 교인 수

연도	예장합동[2]		예장통합[3]		기감[4]	
	교회 수	교인 수	교회 수	교인 수	교회 수	교인 수
1999	6,494	2,295,766	6,494	2,245,326	4,772	1,365,444
2000	6,626	2,321,766	6,621	2,283,107	5,188	1,377,954
2001	6,795	2,300,327	6,793	2,328,413	5,260	1,394,515
2002	6,996	2,341,460	6,928	2,329,002	5,337	1,408,253
2003	7,105	2,348,420	6,978	2,395,323	5,386	1,408,253
2004	7,259	2,398,331	7,158	2,489,717	5,489	1,445,539
2005	10,717	2,716,815	7,279	2,539,431	5,619	1,495,887
2006	10,905	2,818,092	7,476	2,648,852	5,692	1,508,434
2007	11,112	2,912,476	7,671	2,686,812	5,825	1,534,504
2008	11,156	2,896,967	7,868	2,699,419	5,913	1,557,509
2009	11,353	2,936,977	7,997	2,802,576	6,014	1,563,993
2010	11,456	2,936,977	8,162	2,852,311		
2011	11,512	2,988,553	8,305	2,852,125		
2012	11,538	2,994,873	8,417	2,810,531		

*예장합동교단이 2005년에 교회 수와 교인 수가 급격히 증가한 것은 2005년 6월 21일 예장합동과 예장 개혁교단이 교단 합동원칙 합의서에 서명을 하고 제90회 총회(2005년 9월) 때 합동하였기 때문이다. 개략적으로 볼 때 개혁 측에서 합동교단으로 합류한 교회 수는 3,400여 교회 그리고 교인 수는 26만여 명으로 추정된다.

이러한 통계를 살펴보면 개신교회의 일부 주류교단들은 해방 이후부터 현재까지 지속적으로 성장해오고 있다. 이 장에서는 한국교회의 역사를 통하여 교회성장과 교회교육이 어떠한 관계가 있는지 알아본다. 먼저 해방 이후 교회의 상황을, 다음으로 한국교회성장의 요인을, 마지막으로 교회성장과 교회교육의 관계를 설명한다.

---

2) www.gapck.org 대한예수교장로회 합동총회 홈페이지, '교단현황' 참고
3) www.pck.org 대한예수교장로회 통합총회 홈페이지, '교세통계' 참고
4) www.kmc.or.kr 기독교대한감리회 홈페이지, '교세현황' 참고

교회와 성장

교회성장은 성경적이어야 한다. 성경적이라는 말은 교회성장은 교회의 본질과 조화되어야 한다는 의미이다. 교회의 본질은 예수님의 사역에서 찾을 수 있다. 곧 마가복음 1장에 나타난 예수님의 사역인 ① 복음전파(막 1:14ff) ② 가르침(1:21) ③ 치유(1:25) ④ 기도(1:35) 등이 교회본질의 핵심이 되어야 한다. 이러한 사역은 교회가 목표로 추구해야 할 본질인 동시에 지난 이천 년 교회의 역사와 해방 이후 한국교회의 역사를 볼 때, 교회가 이러한 본질을 추구할 때에야 비로소 참된 성장을 하게 됨을 보여준다. 사도행전의 초대교회를 보더라도 당시의 교회지도자들인 사도 베드로와 바울의 전도와 설교, 가르침, 신유사역, 기도를 통하여 초대교회가 왕성해지고 수많은 제자들이 예수께로 돌아왔다.

사도행전은 베드로와 바울을 통하여 역사하신 성령의 사역뿐 아니라 초대교회의 모습을 통하여 교회성장의 원리를 보여준다. 즉 성령의 놀라운 역사를 통하여 예루살렘, 유대, 사마리아 그리고 땅 끝까지 복음이 전파되고 복음이 전파되는 곳에 교회가 설립되고 교회들이 성장해가는 것을 보여준다. 초대교회의 지도자들이 그들의 본래의 일 곧 "기도하는 일과 말씀 사역"(행 6:4)에 힘을 쏟을 때 "하나님의 말씀이 점점 왕성하여 예루살렘에 있는 제자의 수가 더 심히 많아졌다"(행 6:7). 초대교회 사도들이 말씀을 힘있게 전할 때 그 말을 들은 사람들은 "마음에 찔려…… 우리가 어찌할꼬"(행 2:37) 하며 회개하고 하나님께로 돌아옴으로써 교회가 크게 성장하였다. 20세기 초반 한국교회도 그러하였다. 한국교회는 선교 초기부터 놀랍게 부흥하였다. 한국교회의 부흥은 세계선교역사에서도 기적과 같은 사건이었다. 그리고 1945년 해방 이후의 혼란과 분열 속에서도 그리고 6.25라는 참화 속에서도 1980년대 말까지 한국교회는 꾸준히 성장하였다. 특히 1970년대부터 대학생들을 대상으로 한 성경공부, 전도훈련 및 기도회 등을 주도한 청년선교단체들의 활발한 사역과 한국교회 전체가 합심하여 열정을 모았던 전도집회들, 그리고 1980년대 지(支)교회 중심의 제자훈련과 목회자들을 대상으로 한 강해설교 세미나 등은 교회지도자와 평신도 모두에게 큰 영향을 끼쳤다. 그리고 지교회 단위의 부흥회 및 사경회, 전교인 총동원주일 등의 전도집회, 철야기도회, 제자훈련반 등과 같은 한국교회의 영성운동과 성경연구는 교회성장의 원동력이 되었다.

그러나 1980년대 말까지 급속하게 성장해 나가던 한국교회에 변화가 나타났다. 앞의 〈표1〉의 1995년과 2005년의 통계치를 보면 10년간 인구는 267만 명 정도가 증가하고, 종교인 수는 238만 명이 증가하였으나 그 구체적인 항목을 보면 이 10년간 천주교 신자는 220만 명이 증가한 반면에 개신교 신자는 15만 명 정도가 감소하였다. 이 〈표1〉에 나타난 통계는 1990년대부터 한국개신교의 양적 쇠퇴가 왔음을 보여준다. 이러한 양적 쇠퇴라는 위기의 때에 교회가 본래의 모습으로 돌아가서 그 열정을 회복한다면 이 위기는 도리어 한국교회에게는 기회가 된다. 그러면 먼저 해방 이후부터 1980년대까지 성장의 시기에 한국교회가 성장한 원인에 대하여 살펴보자.

교회의 성장

해방 이후 1980년대 말까지 한국교회는 급속히 성장하였다. 이 시기의 교회 형편을 통하여 교회성장의 원리를 찾아본다. 한국교회 성장은 초대교회 성장과 유사성을 보인다. 초대교회가 많은 전도의 열매를 맺었던 상황을 살펴보자. 초대교회는 ① 핍박과 고난 가운데서도 사랑과 서로 나눔과 감사와 기쁨과 찬양이 있는 교회였으며(행 2:43-47), ② 위선자가 저주를 받는 교회였으며(행 5:1-11), ③ 예수 그리스도께서 거룩하시고 의로우신 주님으로 고백되는 교회, 즉 바른 신학을 가진 교회였으며(행 3:14), ④ 교회 중심의 생활을 통해 교회가 든든히 서 가는 교회였으며(행 9:31), ⑤ 그 수가 증가될 때에 신앙이 강조되고 흔들리지 않는 견고한 믿음을 가진 교회(행 11:23; 16:5; 19:20)였다. 이러한 원인들은 초대교회만이 아니라 한국교회의 성장을 위한 환경이었다.

사회학적인 차원에서는 다음과 같은 원리를 제시한다. 켈리(D. M. Kelly)의 이론 즉, 보수교회가 성장하는 요인을 규명하려고 시도한 그는 "외형적으로 볼 때 구식(舊式) 신학을 주장하면서 성도들에게는 엄격한 규율을 부과하는 보수적인 교회가 국가인구의 증가율과 같거나 초과하는 성장을 보이고 있다"고 하였다. 이러한 주장은 그 후 30년간 계속 논의가 되어왔는데 근년에는 하우트(M. Hout), 그릴리(A. Greeley), 그리고 와일드(M. Wilde) 등에 의하여 이에 대한 반박이론이 제기되기도 하였으나 교회성장에 대한 켈리의 주장은 나름대로의 타당성을 지니고 있다.

교회성장에 대한 이러한 일반적인 원리 외에 한국교회 성장에는 특별한 원인이 있었다. 첫째, 한국인들의 특별한 종교성이다. 한국인들은 조상숭배에 대한 경외심과 두려움을 지닌 전형적인 동양인의 특성을 지니고 있어서 기독교를 받아들이는 데 매우 적극적이었다. 둘째, 한국교회가 교육을 강조한 점이다. 한국교회의 교육운동은 두 가지로 정리할 수 있는데 하나는 주일학교 연합회를 통하여 주일학교 지도자와 세미나를 개최하여 교회교육의 개혁을 주도한 것이며, 다른 하나는 교단총회를 중심으로 한 총회교육부 사업이다. 총회교육부는 교육사역을 주교분과, 편집분과, 교양분과로 나누어서 주일학교 교사들의 자질향상을 위하여 헌신하였다. 셋째, 교회지도자들의 교회와 성도들에 대한 사랑과 헌신이다. 한국교회의 지도자들 중에는 교회와 성도들을 위하여 자신뿐 아니라 자기의 가족들까지도 희생하는 사람들이 많았다. 그들에게는 복음에 대한 뜨거운 열정과 사역에 대한 헌신이 있었다. 6.25 동란 때 예배당을 지키기 위하여 피난을 가지 않다가 순교한 교회지도자의 이야기도 들을 수 있다. 교회를 위하여 자신의 삶과 물질을 기쁨으로 바치는 교회지도자들이 한국교회의 성장의 밑거름이라고 할 수 있다. 한국교회는 교회지도자와 성도들의 이러한 순수한 사랑과 헌신에 기초하여 성장해왔다고 할 수 있다. 넷째, 사회적인 어려움 때문이다. 해방 이후 한국교회는 6.25전쟁, 4.19민주항쟁, 5.16쿠데타, 10.26사태, 5.18민주화운동 등 많은 사회적 격랑의 시기를 거쳤다. 이러한 시대적 고비에도 복음적 신앙을 가진 한국교회는 부흥을 가져왔다. 비텔로(P. Vitello)는 "1968년과 2004년 등과 같은 침체기마다 미국은 복음적 신앙을 가진 교회들이 50% 정도의 급격한 성장을 하였다. 이와는 대조적으로 주류 교단교회들은 이러한 침체기에 계속하여 감소하여갔다"고 말한다. 이는 사회적, 국가적 시련의 시기에 교회는 도리어 성장해 갈 수 있음을 보여준다. 많은 서구 유럽과 미국의 교회들이 쇠퇴해가고 있던 1980년대까지도 한국교회가 크게 성장할 수 있었던 것은 이러한 한국교회만의 상황 때문이라고 할 수 있다.

교회의 쇠퇴

교회의 쇠퇴는 1990년대부터 현재까지의 기간에서 볼 수 있는 현상이다. 해방 이후 계속 성장하던 한국교회가 1990년대 들면서 조금씩 정체

내지는 쇠퇴하는 현상을 보인다. 한국교회 성장의 정체원인은 그 접근하는 방법에 따라 다양하게 볼 수 있는데 교회성장론적인 측면에서, 선교신학적 관점에서, 종교사회학적 관점에서, 목회신학적 관점에서 각기 나름대로 성장둔화요인을 제시한다.

이러한 논의들을 종합하여 볼 때 한국교회의 성장정체 원인은 크게 두 가지 곧 외적 원인과 내적 원인으로 나눌 수 있다. 외적 원인으로는 ① 경제적 풍요로움 ② 해당인구의 감소 ③ 교회대체물의 출현 등을 말하고, 내적 원인으로는 ① 교회지도자들의 직업의식의 팽배 ② 교회목표의 변질 ③ 영적 훈련의 소홀 등을 말한다. 이를 좀 더 구체적으로 살펴보면 다음과 같다.

먼저 외적 원인의 첫째인 경제적 풍요로움이 한국교회 성장 정체의 원인이 되고 있다. 통계적으로 보면 국민소득이 1만 달러를 넘을 때 곧 경제적인 풍요로움을 누릴 때부터 교회성장은 정체한다. 우리나라의 통계치를 보면 1994년에 국민소득이 9,459달러였다가 1995년에 11,432달러가 되었다. 즉, 1995년에 국민소득이 1만 달러를 넘어서게 되었는데 한국교회는 1980년대까지 성장하다가 1990년대부터 정체하고 감소하기 시작하였다. 한국교회의 정체와 감소가 시작된 시기와 한국의 국민소득 1만 달러의 시기가 대체로 일치함을 볼 수 있다.

개교회 차원에서의 경제적 풍요는 재정의 풍요로 나타나는데 교회는 이때 그 재원을 교회의 사명을 다하는 데 사용하지 않고 '자기끼리' 모두 소모하여 재정의 불건전성이 나타난다. 그 원인은 물질을 하나님의 것으로 아는 청지기의 자세가 아니라 물질은 나의 것이라는 생각에 있다. 이러한 결과로 교회는 영성을 추구하기보다 물질을 중시하는 맘몬주의에 빠져버렸다. 이러한 물질의 풍요는 마음의 부요함을 초래하여 복음에 대한 갈망과 열정을 식게 만듦으로 교회성장의 걸림돌이 되었다.

두 번째 외적 원인은 인구의 감소에서 찾을 수 있다. 매년 신생아의 수가 감소하는 것이 주일학교 나아가서는 교인 수의 감소를 가져오는 요인 중 하나이다. 신생아 통계를 보면 전후세대인 1953년생은 67만 명이었고 제2차 베이비붐 세대인 1972년생은 115만 명으로 최고로 증가하였다가 2006년생은 45만 명으로 저출산 3세대를 맞고 있다. 이러한 저출산은 국가경제에도 경고가 되지만 교회성장에도 경고가 된다.

세 번째 외적 원인은 교회대체물의 출현이다. 교회대체물은 문화적 상황의 결과이다. 주5일 근무제에 대한 논의가 시작될 때 한국교회들 특히 보수교회들이 주5일 근무제가 교회에 미칠 영향 때문에 상당한 고민을 하였는데, 그 원인은 문화 및 경제적 환경이 교회출석에 영향을 미칠 것을 우려했기 때문이다. 문화적 상황의 변화와 경제적 성장은 신자들에게도 여행, 운동, 그리고 오락을 즐길 수 있게 뒷받침해 주었다. 이는 다음 〈그림 20〉과 같다.

〈그림 20〉 침체의 외적 요인

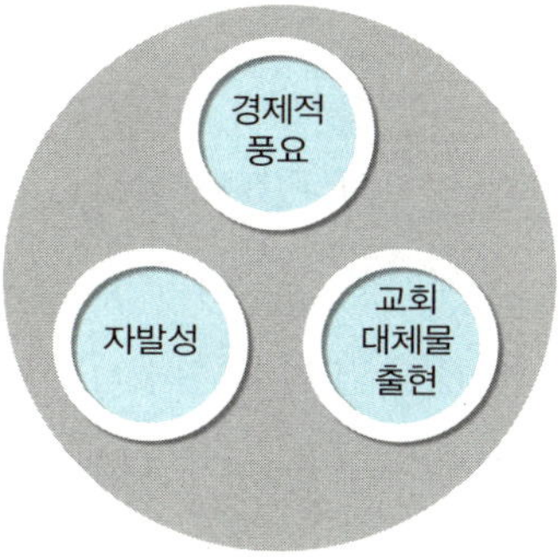

교회성장이 침체하게 된 또 다른 측면은 내적 원인이다. 첫 번째 원인으로는 교회지도자들의 자질이나 능력의 문제에 있는 것 같지는 않다.

신학대학원에 입학하는 사람들의 학문적 실력은 그 어느 때보다 높다. 문제의 근원은 교회지도자가 하나님을 섬기고 성도들을 돌아보는 일에 사랑과 열정을 가지고 하기보다 직업적 관점에서 하는 경우가 많아진 것에 있다. 당사자나 교인들이 교회지도자를 헌신자로 보기보다는 직업인으로 생각하는 경향이 있는 것이다. 그 결과로 한국교회가 어느 순간 갑자기 침체하기 시작한 것이다. 7, 80년대까지만 해도 교역자만이 아니라 헌신적인 성도들은 교회사역을 삶의 최고 우선순위에 두었으나, 사회문화적 상황과 경제적 상황이 좋아진 1990년대 이후에는 교회지도자들의 헌신이 도리어 약화되었다. 이것이 교회가 성장을 멈추기 시작한 첫째 원인이다.

둘째, 교회성장 침체의 내적 원인은 교회목표의 변질에서 찾을 수 있다. 교회의 본질적 목표는 복음전파이다. 시대마다 교회지도자들은 복음전파에 최고의 목표를 둠으로써 예루살렘과 안디옥에서 전파되기 시작한 복음은 소아시아 지방을 넘어서 로마로, 다시 유럽 전 지역과 영국으로, 다시 미국을 거쳐 한국 땅에 이르렀고, 지금도 복음이 전파되지 않은 지역과 부족들에게 전파되고 있다. 그러나 복음전파를 최고의 목표로 삼았던 교회와 교회지도자들이 이제는 복음전파보다 건물의 증축, 예산과 교인 수의 증가를 최고의 목표로 삼고, 그러한 목표를 성취한 교회지도자를 능력 있는 일꾼으로 여긴다. 이러한 시대적 경향은 교역자들로 하여금 복음전파에 대한 뜨거운 열정과 헌신보다는 점차 눈에 보이는 외적인 것들에 교회의 목표를 두게 하였다. 이러한 목표의 변질은 복음전파를 위한 동기부여보다는 실적에 초점을 두게 됨으로써 점진적으로 교회가 침체하게 만들었다.

셋째, 교회와 그 지도자들이 영적 훈련에 소홀해진 것이 교회침체의 내적 원인이다. 영적 훈련이 약화된 원인 중의 하나는 영적인 목표가 이전에 비하여 낮아진 것에 있다. 교회지도자들이 교회사역을 위하여 전적인 헌신을 위해 강한 훈련을 요구받던 것이 이전 세대의 전통이라면, 근래에 와서는 능력개발을 요구받고 있다. 20세기 후반까지만 해도 사경회 혹은 부흥회를 한다고 하면 많은 사람들이 헌신적으로 참여하고, 교회지도자들도 기도로 많은 준비를 하였다. 이러한 집회를 통하여 교회지도자와 성도들이 영적인 각성을 하며 영적 훈련을 받았던 것이다. 시대의 변화에 따라 교회지도자에게 요구되는 영적 수준은 지속적으로 낮아지고 있는 반면에 지적 수준에 대한 요구는 더 높아지고 있다. 전에는 교회지도자들이 매일 말씀 읽기와 기도를 통하여 영적 훈련을 하며 이러한 훈련을 통하여 영적인 힘을 길렀으나 이제는 영적 훈련보다는 지적 훈련에 더 많은 관심을 갖고 있다. 그 결과 영적 감화보다는 지적 통찰에 더 많은 관심을 두게 되어 자연스레 영적 수준이 낮아지게 되었다.

교회교육과 교회성장

위에서 한국교회의 쇠퇴의 원인을 두 가지 곧 외적 원인과 내적 원인으로 나누었고, 외적 원인은 다시 ① 경제적 풍요로움 ② 해당인구의 감소 ③ 교회대체물의 출현 등으로 세분하고, 내적 원인은 ① 교회지도자들의 직업의식의 팽배 ② 교회목표의 변질 ③ 영적 훈련의 소홀 등으로 나누었다. 이에 기초하여 한국교회가 다시 성장 동력을 갖게 하기 위하여 교회교육의 측면에서 해야 할 것 몇 가지는 아래와 같다.

성경교육의 강화

먼저 교회성장을 위해서는 성경교육을 강조하여야 한다. 그 이유는 성경만이 사람을 근본적으로 변화시키고 예수님의 대위임령을 실천하게 하기 때문이다. 이는 교회가 '기본으로 돌아가는 것이다'. 교회성장의 기본은 성경교육이다. 선교 초기 당시 한국교회 부흥의 요인을 말할 때 흔히 1907년의 죄의 고백과 회개에서 출발한 부흥운동을 말하지만 이는 외적현상이요 부흥운동의 뿌리는 성경교육이다. 당시 한국교회 성도들의 열심과 열망으로 성경교육은 강화되었다. 요즘 부흥하는 교회들이 제자훈련이나 셀그룹 운동을 하지만 교회부흥의 내적 동력은 소그룹 성경운동과 성경교육운동이다.

교회가 성장하기 위해서는 성경교육을 통하여 교회지도자와 성도들을 영적으로 성숙시켜야 한다. 성경교육이란 성경내용을 전달하여 지식적으로 그 내용을 알고 깨닫게 하는 것이고, 알고 깨달은 것을 확신하여 믿게 하는 것이며 확신하고 믿는 것을 생활에 적용하여 삶의 변화를 일으키는 영적 변화와 영성회복 운동이다. 교회가 성경교육에 관심을 가질 때 성도들이 복음사역에 열정을 갖게 되고, 교회사역에 헌신을 하게 된다. 그러다가도 어느 사이엔가 교회가 성경교육의 필요성에 둔감해지고 소홀해지게 되면 성도들의 영성은 시들게 된다.

왜 교회가 성경교육에 소홀하게 되는가? 첫째는, 먼저 성경교육 자체의 중요성에 대한 인식의 약화이다. 교회가 현대화되어 갈수록 교회는 성경 자체보다 신학적 지식탐구에 그리고 사회적 현상에 더 많은 관심을 갖는다. 둘째는, 성경을 가르치는 교회지도자들부터 성경지식보다 신학지식에 더 관심을 갖고 있기 때문이다. 이는 그들이 성경 중심의 교육이 아니라 신학 중심의 교육을 받은 결과이다. 그래서 교회지도자들과 성도들이 성경보다 현실사회의 문제들에 대해 신학적이고 사변적 사고를 하려는 경향을 띤다. 그 결과로 마음에 영적 각성과 뜨거움이 없어져 성경교육에 소홀하게 된다.

교회성장의 실천은 성경교육에 있다. 이러한 성경교육은 강해설교 혹은 제자훈련을 통해서 이루어진다. 교회지도자들이 이러한 성경교육을 보다 효과적으로 하기 위해서는 분명한 목표를 가져야 한다. 첫째 목표는 성경지식의 효과적인 전수다. 둘째 목표는 성경교육을 통하여 성경을 사모하는 마음을 갖도록 하는 것이다. 성경을 사모하는 마음이란 성경교육을 받을 때가 아니라 성경묵상을 할 때 주어진다. 셋째 목표는 배운 성경에 순종하게 하는 것이다. 사람은 배운 것을 행동으로 옮길 때 비로소 머릿속의 지식이 자신의 것이 되기 때문이다.

사도 바울은 "모든 성경은 하나님의 감동으로 된 것으로 교훈과 책망과 바르게 함과 의로 교육하기에 유익하니"(딤후 3:16)라고 하였는데 이는 영적 성숙이나 영성회복을 위한 성경교육의 필요성을 말하는 것이다. 1970년대 초 한국교회가 양적으로나 질적으로 크게 부흥할 즈음에 먼저 대학생들을 중심으로 성경교육과 전도가 매우 활성화되었다. CCC, 네비게이토, 죠이 미션, 예수 전도단, 대학생성경읽기, IVF 등을 중심으로 청년들 특히 대학생들을 대상으로 한 전도와 제자훈련 그리고 성경교육이 퍼져나갔다. 이러한 성경교육과 전도운동이 1970년대의 한국교회가 성장한 원동력이 되었다. 1980년대에 와서는 국제제자훈련원의 「평신도를 깨운다」, 「벧엘성서연구」, 「크로스웨이 성경교재」, 「프리셉트 성경연구」 등과 같은 전교인을 대상으로 한 성경교육을 통하여 영성교육이 강조됨으로써 영성회복의 원동력이 되었다. 켈리(D. Kelly)가 신앙의 의미를 바로 가르치고 성도들에게 말씀에 대한 순종을 요구하는 교회일수록 성장한다고 강조한 것도 성경교육이 교회성장의 핵심적 요소임을 말해준다.

영성회복과 영성교육

「목회와 신학」의 특집 "10년 후 한국교회 설문조사 결과 분석"[5]을 보면 한국교회 목회자가 힘써야 할 것이 '영성회복'임을 보여준다. 응답자의 60% 이상이 현재 한국교회의 문제는 도덕성의 상실과 물질주의라고 지적하면서 이를 극복할 수 있는 길은 영성회복이라고 하였다. 앞으로 한국교회는 감소할 것이라고 지적한 사람은 41%(성장할 것이라 대답한 사람은 32%)인데, 그 첫째 이유로 교회지도자와 교인들의 윤리적 수준 때문이라고 대답한 것도 영성회복의 필요성을 말한다. '영성'이란 말은 폭넓게 사용되고 있다. 그 의미는 경건이라는 말과 매우 비슷하다. 곧 영성은 예수 그리스도의 성품을 소유하며 그를 본받아 사는 상태이다. 이러한 영성은 선천적인 것도, 배울 수 있는 것도 아니다. 오직 하나님으로부터 우리에게 주어지는 것이다. 이러한 면에서 보면 성령의 열매와 유사한 의미라 하겠다.

이러한 윤리의 대표적인 측면은 '정직성'이다. 4, 50년 전까지만 해도 예수쟁이는 사회에서, 군대에서, 학교에서 인정을 받았다. 왜냐하면 예수쟁이는 정직하다고 인정을 하였기 때문이다. 그러나 지금은 어떤가? 내가 교회지도자라고 주장한들 누가 알아 주겠는가? 이는 교회지도자들의 윤리 특히 정직성이 불신을 받기 때문이다. 그래서 교회가 외면을 당한다. 교회가 다시 성장하기 위해서는 교회지도자와 성도들의 영성회복이 필요하다.

---

5) 목회와 신학, 2009년 7월호. 〈특집〉 10년 후 한국교회 설문조사 결과 분석. 이는 목회와 신학 정기구독자, 670명, 신학교 교수 111명, 신학생 191명을 대상으로 설문조사한 것이다.

영성회복을 통하여 소유하게 되는 열정적 영성은 교회성장에 있어 가장 근본적인 요소이다. 이 영성은 헌신과 열정으로 표현된다. 교회현장을 본다면 교회지도자가 헌신과 열정을 가지면 교회가 성장을 하고, 그렇지 못하면 교회가 성장하지 않는 이유는 영성이 교회성장의 본질이기 때문이다. 이러한 영성은 무엇으로부터 오는가? 어떻게 하면 이러한 영성을 얻을 수 있을까? 이러한 영성은 선천적이거나 그냥 주어지는 것이 아니라 교육이나 훈련을 통하여 개발하고 발달시키는 것이다. 직업적이거나 습관적인 매너리즘에 빠진 신앙생활을 통해서는 영성이 점차적으로 침체하게 되지만, 헌신과 열정이 있다면 영성을 회복하는 것이 가능하다.

그러면 영성회복을 위한 구체적인 방법은 무엇인가? 기도훈련이다. 한국교회가 주위의 아시아 국가들인 일본이나 중국교회보다 늦게 복음을 받았지만 그들보다 더 급속히 성장할 수 있었던 이유 중의 하나는 교회지도자들의 기도이다. 한국교회는 다른 나라들의 교회에서는 좀처럼 찾아볼 수 없는 새벽기도, 철야기도, 금식기도 등에 교회지도자들 뿐 아니라 모든 성도들이 헌신적으로 매달리며 열정적이다. 기도는 영적인 힘을 얻게 하고, 영적 체험을 하게 하며, 하나님과의 관계가 깊어지도록 인도한다. 그러므로 교회지도자들과 성도들에게 하나님께로 나아가는 기도, 하나님과 영적으로 교제하는 기도를 가르쳐야 한다. 기도훈련을 통하여 교회지도자들과 성도들이 교회성장에 필요한 영적인 힘을 얻을 수 있다.

제자훈련의 강화

교회지도자와 성도들의 영성회복의 결과는 제자훈련과 전도에 대한 열망으로 나타난다. 해방 이후 1960년대까지는 부흥회와 사경회를 통하여 성도들이 영성을 회복함으로써 교회성장을 가져왔다고 한다면, 1970년대와 1980년대는 영성회복의 결과로서 전도훈련과 제자훈련이 강화되었고, 그것을 통하여 성도들이 복음에 대한 헌신과 열정으로 무장함으로 교회가 성장하였다. 그러나 1990년대 이래 이러한 전도와 제자훈련에 대한 열정이 식어지면서 한국교회의 성장은 정체되기 시작하였다.

이를 극복하기 위해서는 교회지도자들에게 전도훈련과 제자훈련을 이론적으로만이 아니라 실제적으로 교육하여야 한다. 신학공부가 지나치게 이론에 중점을 두고 있기 때문에 교회지도자들이 교회라는 실천의 장에서 사역을 시작하면서 비로소 실천사역의 필요성을 체감하고 다양한 목회와 연관된 세미나를 찾아다님으로써 사역의 중요한 출발시기에 많은 시간을 낭비한다. 교회사역은 이론만 아니라 실천에 기초한다.

교회성장을 위하여 전도훈련과 제자훈련이 필요한 이유는 그것이 교회성장의 핵심요소이기 때문이다. 한국교회가 침체하기 시작한 1990년 이래 지속적으로 성장한 서울 서초구의 'ㅅ'교회는 제자훈련을 기반으로 하여 성장해왔다. 그 교회의 핵심사역은 제자훈련인데 이를 통하여 성도들이 예수 그리스도의 제자로서 삶을 살도록 훈련을 한다. 이 교회는 성도가 많이 모이지 않던 초창기부터 제자훈련반을 거치지 않고서는 사역자로 세움을 받을 수 없게 하였다. 이러한 현상은 매우 이상적이고 바람직한데 이는 하나님의 일을 감당하기 위해서는 그 사역을 감당할 준비가 필요하기 때문이다.

평신도 지도자로서의 자아상을 정립하게 하고, 은사를 재발견하게 하는 제자훈련은 단순한 성경교육이 아니라 삶 전체에 영향을 미치는 통전적 교육이요 훈련이다. 예수님께서도 열두 제자를 부르실 때 "나를 따라오라 내가 너희를 사람을 낚는 어부가 되게 하리라"(마 4:19) 하시고 3년간 그들과 함께 지내시며 자신을 닮은 제자로 훈련시키셨다. 제자훈련은 예수님을 닮은 성도가 되게 하는 것이다. 이러한 제자훈련을 수료하고 전도훈련을 하면 복음전도자가 될 뿐 아니라 또 다른 사람을 가르치는 사람이 된다.

제자훈련의 강화는 교회지도자 자신뿐 아니라 성도들에게 복음에 대한 열망을 일으킨다. 이러한 복음에 대한 열망은 헌신으로 나타나고 헌신은 교회지도자들로 하여금 교회사역에 전념하게 한다. 이러한 교회, 이러한 교회지도자가 한국교회를 다시 성장하게 하는 그루터기가 된다.

결론적으로, 해방 이후 한국교회는 거듭되는 분열을 하면서도 부흥하였다. 그러나 1990년 이후 이러한 부흥은 정점에 달하고 이제 하향곡선을 그려가고 있다. 교회교육의 관점에서 볼 때 한국교회가 다시 성경교육을 강화하면 한국교회는 다시 성장할 것이다. 그리고 영성을 회복시키는 영성교육을 강화함으로써 교회의 본질을 회복하고 성도의 모습을 회복한다면 한국교회는 과거처럼 강력한 성장의 모습을 띠게 될 것이다. 모든 성도들을 그리스도의 제자로 만드는 제자훈련을 통하여 예수를 닮은 성도로 만들 때 한국교회는 새로운 전환점을 맞게 될 것이다.

제 10 장
교회교육과 미래

한국교회는 1970년대부터 1990년대 초반까지 상당한 교세확장을 이루어왔다. 그러나 1990년대 중반부터 성장 대신에 정체현상이 시작되었고 이제는 한국교회의 장년, 청년, 청소년, 유초등부 등 모든 교회교육 부서들이 침체기를 지나 하락기로 접어들었다. 그중에서도 한국교회의 미래를 책임질 미래세대의 쇠퇴현상이 두드러지고 있다.

제10장

교회교육과 미래

과거에 대한 회상은 미래를 조명하게 해준다. 그러한 의미에서 먼저 과거의 한국교회의 교육을 재음미해 본다. 한국교회의 교육은 3시대로 구분할 수 있는데, 먼저, 조선조 말 복음이 전파된 1885년 이래로 1945년 일제식민지배로부터 해방 때까지의 시기이다. 이때 교회교육의 특징은 문화적·애국주의적 교육이었다. 특히 삼일운동 후 한국교회는 문화운동에 주력하였다. 두 번째 시기는 1960년대부터 1980년대 말까지로 이때는 청년들을 대상으로 하는 전도 및 양육모임이 활성화되었고 또 한편 교회에서는 제자훈련을 시행하여 성도들을 말씀으로 무장시킴으로 한국교회는 놀라운 부흥시대를 맞이하였다. 마지막 시기는, 1990년대부터 현재까지인데 이 시기의 한국교회는 침체 내지는 쇠퇴의 길을 걷고 있다. 이러한 시점에서 교회교육의 미래를 생각해보는 것은 필요한 일이라 하겠다.

교회교육의 흐름

여기에서는 먼저 교회교육의 과거를 돌아보고 그 후에 교회교육의 미래세대를 살펴본다.

교회교육의 과거

서론에서 제시한 한국교회교육의 과거 3시기를 좀 더 구체적으로 조명해본다. 첫째 시기는 복음이 전파된 때로부터 해방 때까지다. 이 기간은 사회적으로나 국가적으로 혼란의 시기였으나 교회에 있어서는 '발전기'였다. 선교초기에 한국교회는 설립된 교회 수, 세례교인 수, 전체 교인 수에 있어서 놀랍게 부흥하였다. 선교초기가 사회적, 국가적으로 혼란기라는 것은 그 시기에 한일수호조약, 제물포 조약, 갑신정변, 동학란, 청일전쟁, 노일전쟁, 한일합방, 105인 사건, 삼일운동 등과 같은 큰 사건들이 많이 일어났기 때문이다. 그러나 교회를 중심으로 한 한국민들의 독립저항운동은 끊임없이 지속되었다. 이러한 저항운동을 무마하기 위하여 삼일운동 후부터 총독부는 '유화정책'으로 '문화정치'를 실시하였다. 이때 실시된 문화운동의 하나인 언론문화운동의 일환으로 동아일보, 조선일보 등이 발간되었고 기독신보가 창간되었다. 다른 하나는 순수한 문화운동인데 이는 강렬한 민족의식이 뒷받침되어 국어, 국사, 문학, 예술운동이 활발하게 진행되었으며, 교육문화운동으로는 사설 강습소, 야학회 등이 활발하게 진행되었고, 사회운동으로는 애국부인회의 부인운동, 방정환의 색동회, 조철호의 소년척후단의 소년운동, 연희전문학교의 물산장려회, 전진환의 협동조합운동 등이 활발하게 전개되었다.

그러나 일제의 경제착취로 생활이 어려워진 백성들이 만주로 이주하거나 생활고로 인하여 또한 이광수와 공산주의자들의 교회에 대한 비판으로 한국교회와 교회교육은 어려움에 직면하였다. 그러나 이러한 어려움 가운데서도 한국교회는 크게 발전하였는데 그 원동력은 교회교육이었다. 교회학교 지도자들은 교회교육을 통하여 백성을 개조하고 교회를 확장함으로 한국을 낙원으로 만들려는 비전과 포부를 가졌다. 특히 삼일운동 후에는 무력과 정치와 외교가 아니라 교회교육을 통해서만 이것이 가능하다고 믿어 교회교육을 강조하였다.

이 시기의 한국교회가 성장한 요인 가운데 최고의 공헌은 교회교육이었지만 그 외에도 문화적, 교회적, 사회적 요인의 공헌도 있었다. 먼저, 문화적 측면에서 볼 때 한국의 문화는 수용적일 뿐 아니라 또한 적극적이고 감정적이며 열정적이었다. 그래서 기독교와 그 문화도 빨리 받아들였다. 이는 우리 민족이 가진 동양의 히브리적 감정주의의 영향이다. 둘째, 교회적 측면에서 볼 때 한국교회는 선교초기부터 사경회, 성경공부, 전도운동 그리고 기도회 등과 더불어 네비우스 선교정책을 채택하였다. 네비우스 선교정책은 한국교회의 토착화와 성도들의 헌신과 열심을 일으키는 데 효과적이었다. 셋째, 사회적 측면에서 볼 때 이 시기의 국가적·사회적 혼란과 고통은 교회지도자들로 하여금 교회의 교회교육을 통하여 국가와 민족을 살리려는 강한 의지를 갖게 한 원인이다.

둘째 시기는 1960년대부터 1980년대 말까지다. 기존교회는 부흥회와 사경회를 통하여 영적 부흥을 일으키고 있었고, 또한 대학청년들을 중심으로 한 C.C.C., 네비게이토, I.V.F. 등에서는 전도 및 제자훈련 모임의 활성화를 통하여 청년신앙운동을 일으킨 여파로 한국교회 전체가 놀라운 부흥시대를 맞이하였다. 이와 함께 풀러신학교의 교회성장론이 국내에 소개되고 교회지도자들이 이를 적극적으로 수용함으로써 이 시기에 한국교회는 양적 성장을 이루었다. 특히 한국교회가 크게 성장한 이유 중의 하나는 교회의 사명을 영혼구원에 초점을 둔 전도로 보았기 때문이다. 자연히 교회의 문화적인 사명은 그 다음 순위로 밀리게 되었는데 지금은 이러한 문화적 사명을 적극적으로 감당해야 할 때가 되었다. 이 시기는 경제가 크게 성장한 긍정적인 면도 있으나 공동체 의식의 상실과 이기주의, 개인주의, 정체성의 상실, 도덕성의 실종과 같은 부정적인 면도 많이 나타났다.

셋째 시기는 1990년대부터 현재까지로 한국교회가 침체와 쇠퇴를 경험하는 때이기도 하다. 앞 장에서 해방 이후의 전체 인구수, 종교인 수, 개신교(예장합동, 예장통합, 기감을 중심으로) 인구수 등의 통계는 장년성도의 증가현상을 보여준다. 그 원인은 먼저 목회자들이 장년 중심의 목회를 한 것이며, 다른 한 가지는 수명의 연장으로 해당연령층의 성도 수가 증가하지 않았어도 전체 장년성도들의 수가 증가한 것에 있다. 그러나 이 시기의 교회의 문제는 교회학교의 쇠퇴현상이다. 이는 한국교회의 미래를 어둡게 한다.

교회교육과 미래세대

한국교회가 침체하는 요인은 앞 장에서 제시하였다. 여기에서는 현재의 상황을 보자. 기독교교육 관계 월간지인 「교사의 벗」이 2013년 9월호 특집으로 대형교단에 속한 한 노회의 현황을 파악하기 위하여 노회 소속 91개 교회를 조사하였다. 그 통계에 의하면 영아부는 22%, 유치부 48%, 유초등부 55%, 중고등부 77%, 대학청년부 57%만이 교회학교를 유지하였다. 각 부서를 통합한 통계의 수치로 보면 약 45~50%의 교회가 주일학교를 정상적으로 유지하지 못하고 있다. 또 다른 대표적인 교단의 주일학교 현황도 마찬가지이다. 한 장로교 대형교단의 2009년 주일학교 학생 수가 558,212명에서 2010년에는 527,017명으로 31,195명이나 감소하였으며, 대형 감리교단의 주일학생 수도 2009년 323,716명에서 2010년에는 311,756명으로 11,960명이 감소했으며, 또 다른 장로교단 역시 2010년 74,620명에서 2011년 68,329명으로 6,291명이나 감소하였다.

예장통합측 총회정책협의회가 2014년 7월 '복음의 재발견'이라는 주제로 개최되었는데 그 중에서 "다음세대와 교회성장"의 논문에서 발표된 통계는 예장통합 교단만이 아니라 한국교회에 충격적이다. 그 논문에서 제시된 통계를 보면 "전체 8,383개 교회 중 중고등부가 없는 교회가 48%, 중등부가 없는 교회가 47%, 아동부 고학년(4-6) 부서가 없는 교회가 43%, 저학년(1-3) 부서가 없는 교회가 47%, 유치부가 없는 교회가 51%, 유아부가 없는 교회가 77.4%, 그리고 영아부가 없는 교회가 78.5%로 나타났다". 현재의 주일학교의 모습은 미래의 한국교회의 모습이다. 현재와 같은 상황은 한국교회의 미래를 어둡게 하고 있다.

한국교회는 1970년대부터 1990년대 초반까지 상당한 교세확장을 이루어왔다. 그러나 1990년대 중반부터 성장 대신에 정체현상이 시작되었고 이제는 한국교회의 장년, 청년, 청소년, 유초등부 등 모든 교회교육 부서들이 침체기를 지나 하락기로 접어들었다. 그중에서도 한국교회의 미래를 책임질 미래세대의 쇠퇴현상이 두드러지고 있다.

이러한 교회학교의 쇠퇴현상의 원인으로는 다음의 몇 가지를 들 수 있다.

첫째는 출산률의 저하 때문이다. 둘째는, 학벌중시풍조로 교회보다 학원을 우선시하기 때문이다. 셋째는, 교회가 변화하는 문화 속에서 다음 세대를 어떻게 교육할지에 대한 청사진을 제시하지 못하기 때문이다. 기성세대는 저축과 절약이 몸에 배었고, 불편을 참고 사는 데 잘 적응하지만 젊은 세대는 그렇지 않다. 그들은 모든 면에서 여유 있는 환경에서 사는 세대다. 그들은 기성세대의 문화 특히 교회의 문화에 적응하지 못하고 뛰쳐나간다. 이러한 위기 속에 처해 있음에도 불구하고 교회와 교회지도자들은 20세기 후반기의 달콤한 부흥의 기억을 버리지 못하는 안일함 속에 살고 있다. 한국교회의 미래는 다음 세대의 교육에 달려 있다. 교회교육이 흘러가는 방향이 한국교회의 미래의 방향이 된다. 교회교육이 살아야 한국교회가 살게 된다.

2012년에 미국 콜로라도 주에서 교회의 현 상태 및 미래에 관한 모임이 있었다. 여기에 교회지도자, 교단실무자, 종교연구가들이 모여 앞으로 10년 후의 미국교회 모습을 예측하였다.

첫째, 관계의 강조이다. 현재 교회의 예배는 성도들이 구경꾼인 데 반하여 새로운 시대에는 개인적 관계를 통한 영적 성장에 초점을 둘 것이다.

둘째, 예수 중심으로 돌아간다. 현 교회는 성도 수, 건물, 그리고 헌금에 집중하는데 앞으로의 교회는 교회의 사명, 목표, 평가와 설교가 예수에 초점을 둘 것이다.

셋째, 지역사회 중심이다. 미래의 교회는 지역사회의 필요에 더욱 관심을 갖게 될 것이다. 교회는 성도들이 교회 밖의 구제활동에 더 간여하며 외부인이 오기만을 기다리는 것이 아니라 밖으로 향하는 사역을 할 것이다.

넷째, 대화 중심이다. 현재의 교회는 전하는 자로부터 주어지는 일방적 교훈에 매달려 있다. 새로운 미래교회는 다른 사람들과 하나님의 사랑의 메시지를 나누는 개인 대 개인의 대화 중심이 될 것이다. 교회는 예배장소만이 아니라 대화의 장이 될 것이다.

다섯째, 평신도사역의 등장이다. 교회재정이 줄어듦에 따라 유급직은 줄어들고 무급의 자원사역에 의존하게 될 것이다. '만인제사장'의 개념이 다시 등장할 것이다.

이와 함께 미래교회는 성도가 줄고, 고령화되며, 젊은 사람들이 줄어들고, 교회들은 아주 작아지거나 대형화될 것이라는 보고가 있었다. 한국도 이미 이러한 상황에 들어가고 있다. 한 때는 천만 명을 넘던 성도 수가 이제는 6-8백만 명, 앞으로 30년 후에는 3백만 명이 될 것이라는 예측이 있다.

그렇다면 이러한 현실에서 교회는 다음 세대를 어떻게 교육해야 하는가? 이를 위해서는 먼저 현실상황에 대한 진단이 필요하다. 미래세대가 누리는 문화특성은 포스트모던 문화이다. 미래세대를 이해하기 위하여 현대와 같은 포스트모던 시대의 문화적 특징과 변화하는 교육환경의 특징이 교회교육에 미치는 영향을 먼저 알아본다.

포스터모던 시대는 모던 시대의 사상과 사고의 틀을 해체하고 각 개인이 스스로 새롭게 진리를 구성한다. 그 특징으로는 진리의 상대성을 강조함으로 객관적이고 확정적인 모더니즘적 지식을 부정한다. 이러한 사회경향으로서의 상대성과 불확실성이 이제는 교회로 스며들고 있다. 교회는 교회교육을 통하여 이러한 진리의 상대주의와 불확실성 그리고 다원주의로부터 성도들을 구해내야 한다. 김영래는 성경을 부정하는 포스트모더니즘을 겪은 미래세대를 위한 교회교육으로 '탈패러다임'을 제시한다. '탈패러다임'이란 기존의 교회교육의 틀에서 벗어난, 새로운 교회교육 틀의 구성을 말한다.

그는 이러한 탈패러다임으로 여섯 가지를 제시한다. 첫째는 탈목회화이다. 즉 학교교육처럼 형식적 한계를 갖고 있었던 교회교육을 더 넓은 선교의 장까지 확장한다는 것이다. 둘째는 탈연령화이다. 이는 학교식 교회학교 조직이 아닌 나이와 성을 초월한 공동체 지향의 교육을 말한다. 셋째는 탈교재화이다. 이는 공과공부와 같은 지식적 차원이 아니라 지정의를 포함하는 생활 중심의 교육을 말한다. 넷째는 탈시간화이다. 전통적으로 교회교육은 주일에만 이루어졌다. 그러나 이제는 교회교육 시간을 주일이라는 한계를 벗어나 한 주간 7일 전체로 확장하는 것이다. 다섯째는 탈공간화이다. 교회학교가 교회건물 내에서만 이루어지는 것이 아니라 사이버 공간까지 확대되는 것을 말한다. 여섯째는 탈지식화이다. 성경지식 전수 중심의 교육과 더불어 경험과 체험의 신앙을 포함한다. 이러한 '탈패러다임'은 포스트모던 문화에 속한 미래 세대들이 전통적 교회교육에 적응하게 하는 의도를 가지고 있다. 이를 요약하면 〈그림 21〉과 같다.

〈그림 21〉 탈패러다임 교회교육

이러한 새로운 교육환경은 교육에 대한 변화를 요구한다. 첫째는 전통적 교회교육의 교사 중심에서 학습자를 참여시킨다. 둘째는 공과내용을 전달하는 목적에서 중요한 내용을 선택적으로 가르친다. 셋째는 교사의 지식전수자의 역할에서 도우미, 격려자, 본을 보이는 자로서의 역할변화이다. 넷째는 교육에 대한 교사의 책임에서 학생의 자율성과 책임도

강조한다. 마지막으로 평가의 목적을 학습내용의 기억에서 삶의 변화에 둔다.

새로운 교육환경은 교회교육에서도 변화를 요구한다. 이는 인지적 지식전수에만 초점을 두었던 교육에서 그것과 함께 신앙적 확신, 경건한 삶 등 지정의 모두에 초점을 두게 한다. 교회학교 조직에서도 전통적인 학교식 학급 편성이 아니라 신앙적인 영적 수준에 따른 반 편성이 필요한데, 그 이유는 나이가 같다고 하여 모태신앙인과 신입반을 갓 수료한 사람을 함께 교육하는 것은 적합하지 않기 때문이다. 교회교육이라는 용어 자체가 주일에만 교육한다는 의미가 아니라 교회 중심의 교육을 말하는 것이므로 주 7일 전체를 통하여 하는 교육이 참다운 의미의 교회교육이다.

이러한 변화의 기초는 인식적 변화이다. 인식적 변화는 즉각적으로 변화하는 것이 아니라 시간을 필요로 한다. 이러한 변화는 또한 여러 과정을 거치게 된다. 즉, 문제를 직면하고, 두려움에 처한 자신을 바라보고, 스스로 해결책을 상상해보고, 다른 사람과 논의하고, 실행할 새로운 방법을 모색하고, 자신과 실행에 대한 확신을 갖고, 자세한 활동계획을 세우며, 새로운 전략을 찾고 기술을 활용하여 함께 실행에 옮기고, 새로운 계획을 실천하고 평가하며, 새로운 관점으로 그것들을 개인과 사회에 재통합하게 한다.

이러한 요소들은 순서에 따라 일어나는 것이 아니라 역동적으로 작용한다. 이러한 변화는 사람에게 각기 다르게 적용되기도 하지만 지속적인 변화의 과정을 요구한다는 점은 같다. 인식적 학습은 인지적 측면을 포함한 인간 전체의 변화를 가져오는 내면적인 학습이다. 이러한 변환학습은 듀이의 포괄적 접근보다 더 포괄적이다. 왜냐하면 변환학습은 포괄적 변화를 요구하기 때문이다. 이는 인식적인 것만이 아니라 습관적인 변화도 포함하며, 즉각적인 변화가 아니라 시간을 필요로 한다. 이는 또한 인식적 측면만이 아니고 영적, 정서적, 관계적 측면도 포괄한다.

교회교육의 미래

교회교육의 미래를 위해서는 진행해가야 할 방향을 설정하고, 그에 따라 교회교육의 본질을 회복해가야 한다. 그러면 교회교육이 나아가야 할 방향은 무엇인가?

교회교육의 방향
교회교육이 나아가야 할 방향을 다음의 세 가지 차원에서 살펴보자.

학습자 눈높이 교회교육
학습자 눈높이 교회교육이란 학습자 개인의 수준과 관심 그리고 흥미를 고려한 교육을 의미한다. 전통적인 교회교육은 기계로 찍어내는 현대의 대량생산 방식과 같이 천편일률적이다. 즉, 소비자에 대한 고려 없이 물건을 생산하는 것처럼 전통적 교회교육은 학습자 개개인에 대한 고려가 없다. 그들 각 개인의 성경지식과 신앙수준은 어떠하며, 흥미와 관심은 무엇인지를 생각하지 않고 일방적으로 지식을 전수한다. 그러나 눈높이 교육이란 개인에 초점을 맞추어 그들의 성경지식 수준, 신앙심의 깊이, 경건한 삶의 실천 정도에 따라 그들에게 적당한 방법과 내용을 가르친다.

특히 미래는 감성시대이다. 전통사회가 이성 중심의 문화였다고 한다면 미래세대는 감성시대다. 행동주의 이론의 시대에는 조건의 조작을 통해 행동변화를 이끌어내는 것이 교육이었다. 인지주의 이론의 시대에는 인식의 결과로 얻는 지식과 정보의 습득이 교육의 핵심이었다. 그러나 포스트모더니즘 시대에는 행동이나 인식보다 느낌이나 감정에 더 가치를 둔다.

포스트모던 시대의 교회학교 교육공동체는 행동이나 인식뿐 아니라 감성에 기초한 교육방법들에 대해서도 관심을 가져야 한다. 교회교육에서 전통적으로 사용하고 있는 성경암송이나 지식 중심적 성경공부, 교리교육과 함께 말씀을 경험하고, 느끼고, 체험하는 교육의 장이 필요하다. 전인격적으로 드리는 예배, 기독교적 신앙인성교육, 지정의를 함께 실현하는 그룹성경공부 등을 통하여 기독교적 감성을 개발하고 하나님을 체험하게 하는 교육이 필요하다. 최근에는 이러한 형태의 교육을 융합교육의 개념으로 시도하고 있다.

가정과 협력

지금까지 우리는 '인성은 가정에서, 영성은 교회에서, 지성은 학교에서'라는 말과 같이 기독교교육의 3영역인 가정, 학교, 교회가 각기 독자적으로 교육을 해왔다. 가정은 자녀들에게 인격훈련을 시키고, 교회는 학생들의 신앙을 훈련하고, 학교에서는 학생들에게 지식을 전달하는 데 관심을 두었다. 그러나 이 세 기관이 아무 관계 없이 각자 사역을 해왔다. 가정과 교회의 교육에 연계성이 없고, 교회와 학교교육도 연계성이 없으며, 학교와 가정교육도 연계성을 찾지 못하였다. 그러나 이 세 기관이 서로 협력하지 않으면 교회교육이 의도하는 통전적 교육, 전인적 교육, 전인격적 신앙교육은 이루지 못한다. 이들을 유기적으로 연결하는 교육체계의 마련이 필요하다. 신앙이 전인격적인 모습을 가질 때 가정과 학교의 삶과도 연계된다. 교회, 가정, 그리고 학교가 유기적 관계를 갖도록 함으로써 포스트모던 시대에 믿음으로 살아가는 그리스도인을 양성할 수 있다.

주중학교(Day school)의 활성화

현대사회의 화두는 단절이다. 세대 간의 단절, 계층 간의 단절, 지역 간의 단절, 교회와 세상의 단절 등이다. 신앙생활에서도 주일의 신앙과 주중의 신앙 간에 단절이 있다. 주일에는 수많은 사람이 성경을 들고 교회로 가지만 평일에는 길거리에서 그리스도인다운 모습을 찾아 보기 어렵다. 우리나라 인구의 18.2%(2005년 기준)가 그리스도인이다. 그러나 평일의 서울의 모습이 과연 18.2%의 그리스도인이 사는 사회라 할 수 있는가? 이는 교회가 성경지식만을 교육한 결과로 빚어진 소위 '주일만 성도'(Sunday Christian)를 양산한 결과이다. 1~20년 전부터 우리나라에도 주일뿐만 아니라 주중에도 교육하는 교회들이 많아졌다. 성인들을 대상으로 하는 성경대학, 전도학교, 제자훈련학교 등이 있고 초등학생들을 대상으로 하는 주중학교로 〈어와나〉와 〈메빅〉 같은 프로그램을 개설하는 교회들도 있다. 청소년들 대상으로는 방과 후 학교와 독서실 운영, 학교공부를 위한 보충교육 등을 통하여 지식교육뿐 아니라 신앙교육을 하는 교회들이 점차 늘어가고 있다. 더 나아가 전인격적인 교육에 관심을 가진 교회와 개인들 중에 주중학교로서의 기독교대안학교에 대한 관심이 많아져서 대안학교를 설립하는 교회, 선교회, 그리고 개인들이 많아지고 있다. 이를 요약하면 다음 〈그림 22〉와 같다.

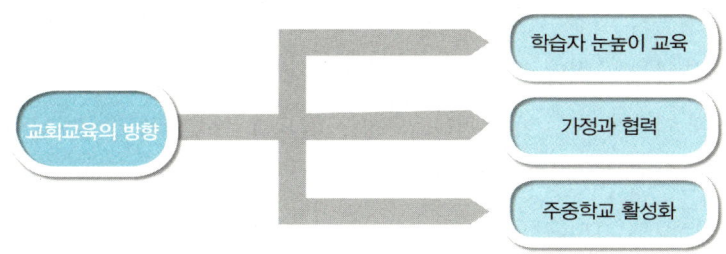

〈그림 22〉 교회교육의 방향

교회교육의 회복

바쁜 사회생활, 학업의 스트레스는 성도들로 하여금 신앙생활을 소홀히 하게 한다. 어떻게 하여야 이러한 환경 가운데서도 성도들을 온전하게 할 수 있는 교회교육을 회복할 수 있는지 알아보자. 무엇보다 가르치는 교사를 바로 세우는 일이다.

교사를 바로 세움

교회교육을 회복하기 위한 가장 중요한 요소는 교사이다. 교사는 교회교육의 변화를 가져오기 위한 가장 쉬운 요소이기도 하다. 교육의 구성 요소로 교사, 학생, 교재 그리고 시설 등을 말한다. 이러한 4요소 중에서 교회가 마음먹으면 쉽게 바꿀 수 있는 것이 교사다. 학생은 교회가 마음대로 고를 수 있는 요소가 아니라 교회에 주어지는 요소이다. 교재는 교단에서 발행한 공과나 기존의 교재들을 사용할 수밖에 없는 제한이 있다. 시설이라는 것도 쉽게 바꿀 수 있는 요소가 되지 못한다. 교사는 교회와 교사 각자가 노력함으로 바꿀 수 있다.

또한 교사는 교회교육을 회복시키는 데 있어서 가장 중요한 요소가 된다. 그 이유는 첫째, 교사는 학습자들에게 영향력을 미치는 사람이다.

학습자의 나이가 어릴수록 교사의 영향력은 더 커진다. 둘째, 교사는 변화를 이끄는 사람이다. 교사가 헌신하는 정도에 비례하여 교육의 질도 바뀌고 교육의 질에 따라 학습자에게도 변화가 일어난다. 셋째, 교사는 발전을 이루게 하는 사람이다. 교사는 교회를 성장하게 하고, 교회학교를 든든하게 하며 학습자들의 믿음을 발전시킨다. 현대시대와 같은 복잡하고 바쁜 사회에서 교회교육을 회복하기 위해서는 신앙으로 잘 무장된 교회학교 교사를 많이 그리고 바로 세워야 한다. 교사들이 말씀을 사모하고 가르치는 데 열정을 갖게 하고 학습자들의 영혼에 대하여 사랑과 관심을 갖게 할 때 교회교육은 회복될 것이다.

말씀교육의 회복

미국교회의 청년들이 교회를 떠나는 이유에 대한 조사결과를 보면 우리의 기대와는 다르다. 그들이 교회를 떠나는 가장 큰 이유는 교회가 성경을 진지하고 확신 있게 가르치지 않기 때문이었다. 그 결과 청년들이 하나님의 말씀에 대한 확신을 갖지 못하게 되어 교회를 멀리하게 된 것이다.

비록 현대사회의 문화가 미치는 영향으로 교회교육도 많은 변화를 요구받지만 그래도 변화되지 말아야 할 것이 있다. 그것은 바로 하나님의 말씀에 대한 강조와 가르침이다. 그리스도인들도 변화하는 세상의 문화와 가치관을 완전히 거스를 수는 없지만 성경 말씀에 대한 강조와 가르침은 결코 포기할 수 없는 것이다. 교회가 현대사회에서 교회교육을 바로 회복할 수 있는 길은 하나님의 말씀교육을 강화하는 것과 기본 교리를 가르치는 일이다. 이러한 말씀교육을 통한 교회교육의 회복은 성도들이 인생관, 가치관, 세계관을 바로 세우게 해준다.

성령의 역사

하나님 말씀을 통하여 역사하시는 성령님은 그리스도인의 삶에 있어서 영적인 역동성이다. 만약 성령님께서 교사나 하나님의 말씀을 통해 역사하지 않으시면 우리의 가르침은 효과적이지 않을 것이고 또한 세속적인 가르침과 별 차이가 없을 것이라고 쥬크는 말하였다. 수소(H) 둘과 산소(O) 하나가 합쳐져 물을 만든다. 그러나 이 두 화학분자들이 물이 되기 위해서는 촉매제가 필요하다. 교회교육도 마찬가지다. 교회교육이 회복되기 위해서는 헌신적인 교사와 믿음의 학습자가 필요하지만 충분한 것은 아니다. 곧 성령의 역사가 있어야 교회교육이 잘 이루어지게 된다. 헌신적인 교사가 좋은 공과교재를 가지고 순종적인 학습자들을 가르친다고 하여도 성령께서 역사하시지 않으면 교회교육은 효과를 얻을 수 없다. 사람을 변화시키는 주체는 오직 성령님이시다. 바울은 말한다. "그런즉 심는 이나 물 주는 이는 아무 것도 아니로되 오직 자라게 하시는 이는 하나님뿐이니라"(고전 3:7).

주제 색인

가르치는 은사 57, 104, 116, 134
가소적 19
가치 21, 22, 24, 33, 35, 64, 66, 68, 73, 74, 83, 90, 92, 106, 107, 108, 110, 116, 129, 131, 140, 201, 204
개혁신학 52, 53, 57, 58, 69, 73
경험적 33
교사 15, 17, 18, 19, 20, 21, 22, 23, 24, 26, 35, 38, 41, 42, 56, 57, 67, 73, 74, 79, 80, 81, 82, 83, 84, 85, 87, 88, 89, 90, 92, 93, 94, 95, 97, 99, 100, 102, 103, 104, 105, 106, 107, 108, 109, 110, 111, 112, 113, 114, 115, 116, 117, 118, 120, 121, 122, 123, 124, 125, 129, 130, 131, 132, 133, 134, 135, 137, 138, 139, 144, 145, 146, 147, 149, 155, 161, 162, 177, 178, 194, 198, 203, 204, 205, 209, 213
교사상 97, 103, 104, 105
교사의 본질 103, 105, 144
교수 이론 31
교양 교육 62, 63
교양인 62
교육가능성 56
교육문화운동 192
교육사역 25, 176
교육신학 45, 47, 50, 51, 211
교육의 출발점 26
교제 24, 146, 149, 153, 154, 160, 185
교회교육 기관 43

교회교육 목표 79, 80
교회사역 151, 153, 154, 157, 180, 181, 182, 186, 187
교회성장 169, 173, 174, 175, 176, 178, 179, 180, 181, 182, 183, 184, 185, 186, 193, 195
교회학교 40, 41, 42, 43, 75, 79, 80, 81, 82, 83, 84, 87, 88, 90, 99, 100, 103, 104, 105, 108, 109, 110, 111, 112, 113, 114, 115, 116, 117, 118, 120, 121, 122, 123, 124, 125, 129, 130, 134, 135, 137, 138, 139, 140, 144, 145, 147, 149, 193, 194, 195, 198, 199, 201, 204, 207
교회학교 교사 79, 80, 81, 82, 87, 90, 99, 100, 103, 104, 105, 108, 109, 110, 112, 113, 114, 115, 116, 117, 118, 120, 121, 122, 123, 124, 125, 129, 130, 134, 135, 137, 138, 139, 144, 145, 147, 149, 204
권위 14, 15, 22, 52, 53, 54, 99, 100, 108, 112, 118, 136, 138, 139, 141
규범적인 관점 49
기독교교육 20, 22, 23, 26, 32, 33, 34, 35, 37, 38, 39, 40, 45, 47, 50, 51, 52, 55, 56, 57, 67, 69, 72, 94, 101, 194, 201, 211, 213
기독교교육의 은유 23
기독교학교 36
긴급성 80
네비우스 선교정책 193

독특성 69, 70, 71
동질성 70
루터파 52, 54, 55
목표 설정 79, 81
미래세대 189, 192, 194, 195, 197, 201, 213
미션 스쿨 35, 36
바나 리서치 77
발달이론 100, 101, 104
비전 80, 81, 193
상호작용 19, 101, 129
서술적인 관점 30, 48
섬김 127, 136, 137, 141, 153, 154
성경교수 135, 160, 162, 163, 164
성경적 17, 21, 22, 33, 49, 64, 65, 66, 71, 85, 107, 116, 117, 130, 133, 135, 136, 137, 138, 139, 153, 158, 169, 174
성경적 가치 64, 66, 107, 116
성숙성 15
성장 14, 15, 16, 17, 18, 19, 21, 22, 23, 27, 29, 40, 57, 62, 71, 72, 78, 81, 84, 85, 89, 90, 94, 114, 140, 165, 169, 171, 172, 173, 174, 175, 176, 177, 178, 179, 180, 181, 182, 183, 184, 185, 186, 187, 189, 193, 194, 195, 196, 204
성장은유 14, 15
성취가능성 81, 82
성취여부 206
세속교육 23, 32, 33, 35, 37, 38, 67, 68, 69
소요리문답 26, 59, 65, 155
신앙교육 58, 115, 201, 202
신정통신학 52, 58

신학 17, 37, 40, 41, 42, 43, 45, 47, 48, 49, 50, 51, 52, 53, 54, 55, 56, 57, 58, 68, 69, 73, 130, 132, 136, 141, 167, 176, 178, 180, 182, 183, 184, 186, 193
심리적 발달 단계 16, 17
아동관 15, 16, 17, 18
아마추어 62
언약 53, 58, 66, 73
영성교육 183, 184, 187
영성회복 182, 183, 184, 185, 186
영적 성숙 40, 77, 82, 83, 95, 100, 154, 155, 156, 157, 161, 183
영적 지도력 130, 143, 144
예배 35, 49, 53, 55, 77, 79, 153, 154, 165, 177, 196, 201
예술은유 14
은유 12, 13, 14, 15, 16, 17, 18, 19, 20, 21, 22, 23, 25, 26
의도성 154
의사소통 132
이념 81
이성적 33, 34, 85
인간관 23, 24, 32, 34, 66, 67, 68, 69, 71
인간 중심 68
자연주의 14, 15
잠재적 능력 16
전도 49, 73, 75, 80, 116, 153, 154, 166, 171, 174, 175, 183, 185, 186, 187, 191, 193, 194, 202
전인적 67, 201
점진성 82
정의 11, 12, 13, 16, 26, 30, 31, 32, 33,

34, 35, 37, 40, 41, 43, 48, 49, 50, 57, 64, 67, 73, 79, 81, 85, 86, 107, 129, 130, 141, 158, 159, 178, 198, 199, 201

정체성 50, 59, 61, 63, 64, 67, 73, 74, 194

제자훈련 151, 153, 157, 158, 160, 161, 163, 164, 165, 166, 167, 171, 175, 182, 183, 185, 186, 187, 191, 193, 202

종교성 55, 56, 57, 73, 176

종교 실태 78

주일교회학교 42

주일학교 39, 40, 41, 42, 43, 176, 177, 179, 194, 195

주일학교교육 40, 41, 42, 43

주일학교 지도자 176

주중학교 202, 203

주형은유 14

준비성 15

지도력 127, 129, 130, 131, 133, 134, 135, 136, 137, 138, 139, 140, 141, 143, 144, 145, 147, 149, 150

지도자 29, 90, 110, 111, 113, 130, 133, 134, 136, 137, 141, 142, 143, 144, 145, 146, 147, 148, 149, 151, 157, 161, 174, 175, 176, 177, 178, 179, 180, 181, 182, 183, 184, 185, 186, 187, 193, 196

지식전수 99, 166, 198, 199

직분자 113, 133, 155

진보 신학 52

탈패러다임 197, 198

통전적 101, 158, 159, 186, 201

판단가능성 82

하나님의 형상 16, 21, 24, 25, 34, 50, 55, 56, 57, 58, 67, 69, 70, 71, 73

하나님 중심 53, 54, 57, 58, 59, 65, 68, 138

학습 이론 31

학습자 17, 19, 20, 21, 22, 23, 24, 33, 56, 59, 63, 64, 65, 66, 67, 73, 74, 80, 81, 82, 83, 84, 85, 86, 87, 88, 89, 90, 92, 94, 95, 104, 110, 120, 123, 129, 130, 131, 132, 133, 134, 135, 137, 138, 141, 144, 198, 200, 203, 204, 205

학습자 눈높이 200, 203

합리성 19, 24, 56, 70

행동주의 32, 68, 69, 201

회복 23, 25, 26, 50, 56, 58, 73, 74, 175, 182, 183, 184, 185, 186, 187, 200, 203, 204, 205

인물 색인

겐젤(K. O. Gangel) 153
그랜돌프(W. Graendorf) 34
델리취(F. Delitzsch) 17
드윗(J. R. de Witt) 53
드종(N. DeJong) 35
로크(J. Locke) 18
루소(J. J. Rousseau) 15, 16
반즈(A. Barnes) 25
반틸(C. VanTil) 58
부쉬넬(H. Bushnell) 72
비고스키(L. S. Vigotsky) 31
쉐플러(I. Scheffler) 31
스키너(B. F. Skinner) 31, 69
쏜다이크(W. Thorndike) 31
에릭슨(E. Erikson) 101
윌호이트(J. Wilhoit) 156
은준관 51
쥬크(R. Zuck) 34, 205
켈리(D. M. Kelly) 176
코메니우스(J. Comenius) 25
콜버그(L. Kohlberg) 100
트라우튼(D. J. Trouten) 40
틸리히(P. Tillich) 51
파울러(J. Fowler) 101
파즈미노(R. Pazmino) 35
패커(J. I. Packer) 38, 159
페레(Nels F. S. Ferre) 51
플루드만(J. E. Plueddemann) 20
피아제(J. Piaget) 31, 100
피터스(R. S. Peters) 31
하퍼(N. E. Harper) 16

헐스트(P. H. Hirst) 31
헤세링크(W. Hesselink) 53, 54
화이트헤드(A. N. Whitehead) 62, 63
힐(E. V. Hill) 154

참고문헌

1장

김득룡, "주일학교가 타당한 명칭이다", 「교사의 벗」, 1988년 5월호, 30-42.

Horace Bushnell, *Christian Nurture*, reprinting of 1861 edition(Grand Rapids, MI.: Baker Book House Co., 1979).

George R. Knight, *Philosophy and Education*, (Berrien Scripture, MI : Andrews University Press, 1980).

B. F. Skinner, *Beyond Freedom & Dignity*(N.Y.: Bantam Books, Inc. 1971).

Donald J. Trouten, "Church Education" in E. T. T. A., *Church Educational Ministries*.

Roy B. Zuck의 *Spiritual Power in Your Teaching*(권성수 역, 「성령과 교육」)과 「신학지남」 54권 4집 (통권 214호)의 졸고, "설교와 교육"을 참고하라.

2장

코메니우스, 「大敎授學」, 정확실(역), 제5장

Philippe Aries, *Centuries of Childhood: A Social History of Family Life*, Robert Baldick (tr.) New York: Alfred A. Knopf.

Albert Barnes, *Barnes' Notes on Ephesians*, Grand Rapids, MI: Baker Book House.

Franz Delitzsch, *Commentary on the Old Testament*, Vol. VI Proverbs, Ecclesiates, Song of Solomon, Grand Rapids, MI: Wm B. Eerdmans Publishing Company.

Thomas F. Green, *The Activities of Teaching*, International Student Edition, McGraw-Hill Kogakusha Ltd..

Peter Guy, *John Locke on Education*, Classics on Education No. 20, Teachers College Press, 1964, Quoted from John Locke, *Some Thoughts Concerning Education*.

Norman E. Harper, *Making Disciples*, Memphis, TN: Christian studies

Center, 1981.

R.S. Peters, "Education as Initiation", R.D. Archambault (ed.), *Philosophical Analysis and Education*, (London: Routledge and Kegan Paul, 1965).

James E. Plueddemann, "Metaphors in Christian Education", *Journal of Christian Education*, Vol VII, No. 1, Autumn 1986.

J.J. Rousseau, *Emile or On Education*(trans.) Allan Bloom, New York: Basic Books Inc., Publishers, 1979, 38. 吳澄子, 「에밀 (上)」, 박영사.

Israel Scheffler, *The Language of Education*, Springfield, IL: Charles C. Thomas Publishers, 1965.

3장

도널드 G. 블러쉬, 이승구역, 「신학서론」.
서철원, 「교리사」 (서울: 총신대학교출판부, 2004).
윌리엄 에임스, 서원모 역, 「신학의 정수」(서울: 크리스챤 다이제스트, 1992).
코메니우스, 「大敎授學」, 정확실(역), 제5장.
호남신학대학교 편, 「신학이란 무엇인가?」(서울: 장로교출판사, 1988).
존 M. 후레임, 문석호 역, 「기독교적 神지식과 변증학」(서울, 은성: 1989).

Philippe Aries, *Centuries of Childhood: A Social History of Family Life*, Robert Baldick (tr.) (New York: Alfred A. Knopf, 1962).

Albert Barnes, *Barnes' Notes on Ephesians*(Grand Rapids, MI: Baker Book House, 1980 16th printing).

Nels F. S. Ferre, *A Theology for Christian Education*(Philadelphia: The Westminster Press, 1967).

Werner C. Graendorf, ed., *Introduction to Biblical Christian Education* (Chicago: Moody, 1981).

Peter Guy, *John Locke on Education*, Classics on Education No. 20, Teachers College Press, 1964.

Norman E. Harper, *Making Disciples: The Challenge of Christian Education at the End of the 20th Century*(Memphis, Tenn.: Christian Studies Center, 1981).

J. Gresham Machen, *What is Faith?*(Grand Rapids, Mich.: Wm B. Eerdmans

Pub. Co. 1925 Rep. 1974).

Robert W. Pazmino, *An Introduction in Evangelical Perspective- Foundational Issues in Christian Education*, 2nd. ed.(Grand Rapids, Mich.: Baker Book House, 1997), 86-87.

Jean-Jacques Rousseau, *Emile or On Education*(trans.) Allan Bloom (New York: Basic Books Inc., Publishers, 1979).

Israel Scheffler, *Conditions of Knowledge -An Introduction to Epistemology and Education*(Chicago: The University of Chicago Press, 1965).

Israel Scheffler, *The Language of Education*(Springfield, Ill.: Charles C. Thomas Publishers, 1965).

Paul Tillich, *Theology of Culture*, ed. by Robert C. Kimball, (N.Y.: Oxford University Press), 1959 은준관, "교육신학의 가능성" 594, 「神學思想」, 1974년 6호 583-608.

Roy B. Zuck, *Spiritual Power in Your Teaching*, rev. ed.(Chicago: Moody, 1971).

4장

강용원 편, 「기독교교육학 개론」(서울: 도서출판 생명의 양식, 2007).
김성수, "기독교교육의 정체성", 강용원 편.
한춘기, 「기독교교육신학」(서울: 도서출판 기독한교, 2005).
Louis Berkhof & Cornelius Van Til, *Foundations of Christian Education*, 이경섭 역, 「개혁주의 교육학」(서울: 기독교문서선교회, 1994).
Norman DeJong, *Education in the Truth*, 신청기역, 「진리에 기초를 둔 교육」(서울: 생 명의 말씀사, 1994 2쇄).
John Robert de Witt, *What is the Reformed Theology?* 김성환 역, 「개혁주의 신앙이란 무엇인가?」(서울: 로고스연구원, 1992), 7-35.
B. Goudzwaard, *Aid for the Overdeveloped West*(Ontario, Canada: Wedge Pub. Foundation).
Norman E. Harper, *Making Disciples*, 이승구 역, 「제자훈련을 통한 현대기독교교육」(서울: 도서출판 엠마오, 1986).
John Hesselink, 최덕성 역, 「개혁주의 전통」(서울: 본문과 현장 사이, 1997).
R. S. Peters, *Ethics and Education*, 이홍우 역, 「倫理學과 敎育」(서울: 교육과

학사, 1980).
Neil Postman, *The End of Education*, 차동춘 역, 「교육의 종말」(서울: 문예출판사, 1999).
A. N. Whitehead, *The Aims of Education and Other Essays*, 오영환 역, 「교육의 목적」(서울: 궁리, 2006).
M-W.com, 'amateur'.

5장

Barna Group, "12 Most Segnificant Religious Findings", Dec., 20, 2006
National Study of Youth & Religion, www.youthandreligion.org

6장

Jim Wilhoit & John Dettoni, *Nurture That is Christian*(Grand Rapids, Mich: A Bridge Point Book, 1995), 47-104.

7장

Ralph G. Turnbull, (베이커의)「실천신학사전」, 대학기독교출판사, 1977
Jim Wilhoit, 「성경을 효과적으로 가르치는 비결」, 프리셉트, 1996.
O.E.D., 'leadership'.

8장

Jack Fennema, *Nurturing Children in the Lord*, (Grand Rapids, MI: Baker Book House, 1979).
Kenneth O. Gangel, *Leadership for Church Education*, (Chicago: Moody Press, 1977), 권명달 역, 「교회교육의 리더쉽」.
Edward V. Hill, "A Congregation's Response", lecture presented at Gordon-Conwell Theological Seminary, South Hamilton, Mass, 21 January 1976 quoted in Robert W. Pazmino, *Foundational Issues in Christian Education*, (Grand Rapids, MI: Baker Book House,

1988).

J. I. Packer, *Knowing God*, (Downers Grove, Il: InterVarsity Press, 1973),

Harry A. Rhodes, *History of the Korea Mission, Presbyterian Church U. S. A., 1884-1934* (Chosen: Chosen Mission Presbyterian Chrch U.S.A., 1934).

Fritz Rienecker, *Linguistic Key to the Greek New Testament*, (ed.) Cleon L. Rogers, Jr. (Grand Rapids, MI: Regency Reference Library, 1975).

Jim Wilhoit, *Christian Education & the Search for Meaning*, (Grand Rapids, MI: Baker Book House, 1986), 신서균 역, 「현대기독교교육」.

9장

「목회와 신학」, 2009년 7월호. 〈특집〉 10년후 한국교회 설문조사 결과 분석.
www.gapck.org 대한예수교장로회 합동총회 홈페이지, '교단현황' 참고
www.kmc.or.kr 기독교대한감리회 홈페이지, '교세현황' 참고
www.kosis.kr 국내통계(3014년)
www.pck.org 대한예수교장로회 통합총회 홈페이지, '교세통계' 참고

10장

「교사의 벗」, 2013년 9월호
김영래, 「기독교교육과 미래세대」(2007, 땅에쓰신글씨)

교회교육 코칭

초판 인쇄 2014년 9월 5일
초판 발행 2014년 9월 12일

지은이 한춘기
발행인 대한예수교장로회총회
편집·제작 대한예수교장로회총회 출판사업국

주소 서울시 강남구 영동대로 330
전화 02-559-5655~7
팩스 02-564-0782
인터넷서점 www.holyonebook.com

출판등록 제1977-000003호
ISBN 978-89-8490-672-3(03230)

©2014, 대한예수교장로회총회
*잘못된 책은 바꾸어 드립니다.